JN064573

花とともに
故人を海に還す（観音崎沖）

帆船シナーラ号での自然葬
散骨後、赤い帆を張って
祝福した（相模灘）

大切なあの人に
想いをはせる
（上：相模灘、下：観音崎沖）

船内で散華用に
整えられた花びら

初めての自然葬は
1991年10月5日に
相模灘で行われた

「サン・ビクトリア号」の船上、
ハーモニカや指笛で故人を見送る
（平塚沖）

小樽沖での
特別合同葬

横浜沖での特別合同葬
（左写真はトワイライト葬）

新潟沖での自然葬

広島湾での
特別合同葬

博多湾沖での
特別合同葬

那覇沖（慶良間沖）での
自然葬

想い出クルーズ
（観音崎沖）

模擬自然葬
（観音崎沖）

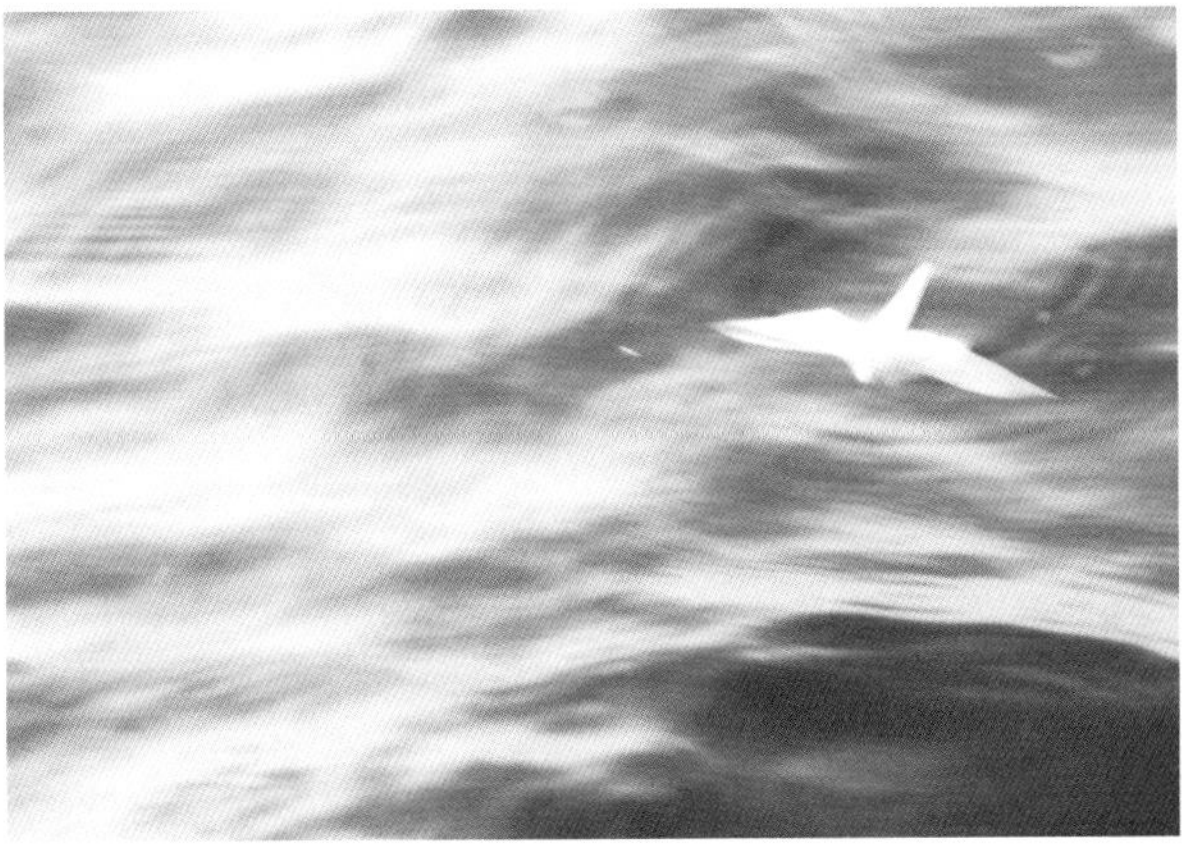

水溶紙で折った
鶴が海を泳ぐ
（葉山沖）

木漏れ日がきらめく甲府再生の森でくつろぐ

甲府再生の森の木立にたたずむフクロウのオブジェ

曼珠沙華が
美しく咲く
西多摩再生の森

西多摩再生の森へと続く道

散骨に当たり、
あいさつの言葉を述べる
立会人（左写真）と、
それを静かに聞く遺族たち（下写真）

春にはソメイヨシノが咲く
癒やしの空間、
大森山再生の森。
山での最初の自然葬は
1993年3月、
この地で行われた
（下写真）

あづみ野再生の森を望む

土に花輪をつくる
(阿蘇外輪山再生の森)

心の安らぎが感じられる
西多摩再生の森

平成の挽歌

大自然に還る

葬送の自由をすすめる会【編】

共同通信社

デザイン　池田紀久江

はじめに

20世紀が終わるころ、平成に入って、わが国の葬送のかたちは大きく変わり始めました。その先がけとなったのが、1991年に「葬送の自由をすすめる会」が相模灘《さがみなだ》で行った自然葬（散骨）です。市民運動として発足した同会が、2020年までに自然葬で送った方々は約4300人にのぼりました。

会には遺族から千通を超える感想文が寄せられ、貴重な記録として保存されています。これをもとに、大自然に還った人、最愛の故人を送った人々が、どのような思いで自然葬という葬送に向き合ったのか。その心の営みを広く知っていただきたいという願いから、創立30周年の記念事業としてこの本を刊行しました。「葬送の自由」とは何か、を知る手がかりとなれば幸いです。

特定非営利活動法人
葬送の自由をすすめる会
会長　西俣総平

目次

第3章

第1章

ルポルタージュ

自然に還るその思いとは

―現場で感じ、考えたこと

山下憲一（共同通信記者）

海や山に散骨する「自然葬」が今よりずっと特殊だった30年前から、普及・啓発に取り組んできた「葬送の自由をすすめる会」（本部・東京）。墓に入るのではなく、海に安らぐ道を選んだ人々の思いはどのようなものか。野山で眠る故人と遺族はどう向き合っているのか。会の活動とは一線を画す外部の取材者が、自然葬の現場で見聞きし、感じ、考えた。

万感の思い、海に託して　時空を超えて悠久の旅へ

どこまでも自由に、伸びやかに、自然に溶けていく。宇宙へ還っていく。その表情は生き生きと、時に笑みさえも浮かべて…。惜別の汽笛を耳にして、そんな旅立ちのイメージが脳裏に浮かんだ。思い込みが過ぎるかもしれない。でもそれほど見当違いではないとも思う。しがらみ、葛藤、執着…。生きてゆくのに必要な、しかし厄介でもあるそうした一切から解き放たれた死者たちが、水平線のかなたへ飛翔する。その喜びに満ちた気配がその時、ありありと感じられたからだ。神奈川県平塚市沖の相模湾で行われた特別合同葬。そこには大切な人を亡くした寂しさを抱えながらも、穏やかな空気を身にまとう人々の姿があった。

＊人物の年齢は 2019年8月25日（甲府再生の森）、9月7日（平塚市沖）の取材時点。

世界につながる

暦は秋。でも、まだまだ夏が盛んな9月の土曜日だった。

午前10時5分に東京・渋谷駅を出発したJR湘南新宿ラインの小田原行き特別快速は、週末らしく行楽客でにぎわっていた。リュックサックを背負った親子連れ。楽しげに笑い合うカップル。車窓にのぞく空は青く、しかし雲の動きが速く激しい。折しも台風が小笠原諸島に接近し、太平洋沿岸にうだるような暑さがぶり返していた。海は大丈夫だろうか。波がうねって船が揺れなければいいが…。そんな思いはしかし、くたびれた体をガタゴトと揺られる心地よさに紛れて、いつしか消えていった。

どうやら舟をこいでいたらしい。ふと目を覚ますと、大船駅のホームが車窓を流れ去るところだった。白く輝く巨大な「大船観音」が遠ざかり、さらに十数分。午前11時を少し回った頃、列車は平塚駅にすべり込んだ。人も物もめまぐるしく動き続ける東京の都心から、わずか1時間。緩やかな海風が吹き抜ける湘南の街は、予想以上に近かった。

残暑の厳しい駅前のロータリーから、タクシーで約10分。今回の合同葬は、相模川の右岸に立つホテル「サンライフガーデン」を発着の基点としていた。相模湾に注ぐ河口から1キロほど上流に当たる。

冷房の効いたロビーで一息つき、汗を拭っていると、午前中の合同葬に参加した2組の遺族たちが、平塚新港の船着き場からマイクロバスで戻ってきた。どんな表情をしているのだろう。葬送の直後だ。やはり硬く、寂しげなのだろうか。緊張して待ち受けていると、人々の顔に、安堵《あんど》したような、難事をやり遂げたような笑みが浮かんでいるのが見えた。声を掛ける元気が湧いてきた。

「平塚の海は世界につながっているから、母は海流に乗って世界中を旅しているんだと思います」。最初に話を聞かせてもらったのは、92歳の母、宏子《ひろこ》さんを亡くし、兄夫婦らと4人で参加した細川直子《ほそかわなおこ》さん（61）だ。父親が逝去した約20年前も、相模湾での合同葬に参加したとのこと。「父は生前から、骨つぼに押し込められて暗い墓穴に入るのは嫌だと言っていたんです。散骨にも早くから関心を持っていました」。自然葬の普及に先駆的に取り組んでいた「葬送の自由をすすめる会」の活動についても、新聞記事で読んで趣旨に賛同し、早々と入会を決めたのだという。

影響を受けた宏子さんも、後を追うように会員に。晩年には会員歴が20年を超え、合同葬の費用が免除となる「永年会員」の資格も得ていた。「両親の願いをどちらもかなえることができて、今はほっとしています。今頃は父も母のそばにいるんじゃないかな」

レザークラフト（革細工）が趣味だった宏子さんをしのんで用具の木づちを使い、遺骨を細かくする「粉骨」に兄と取り組んだという直子さん。「死んだらみんなお墓に入るものだ、それが当たり前なんだという考え方は、私にはとても窮屈で不自然に感じられます。自然葬が今よりもっともっと広まればいいと思っていますし、広まっていくべきでしょう」と語ってくれた。

根強い偏見

ロビーでは、西俣総平《にしまたそうへい》会長（81）から「自然葬実施証明書」の交付も行われた。散骨を実施した日付、場所、故人の名前が書き込まれ、一見すると何かの表彰状のようでもある。受け取る人々の顔も、受賞者のように晴れやか。「亡くなった方の希望をかなえるために、大変なご苦労をなさる方もいますからね」。そう教えてくれたのは「自然葬立会人」の今《いま》井《い》洋光《ひろみつ》さん（76）だ。10年ほど前に相模湾で妻を見送り、それが縁となって立ち会いのボランティアを務めるようになった。

会の活動が実を結び、一昔前に比べれば白い目で見られることも少なくなった散骨だが、それでも葬儀をせず、墓に納骨しないことへの偏見は、予想以上に根強いようだ。たとえ故人が生前に熱望し、それを公言していたとしても、自然葬を実現させるのは簡単ではない。

例えば亡き姉の意向を尊重し、海での自然葬を提案した妹は、親類一同の面前で「海に捨てるというのか」と罵倒されたという。曲折の末に何とか実現にこぎ着けたその女性は、つらい経験を感想文につづることで、ようやく肩の荷を下ろすことができた。

他方、父親が「死後は自然葬にしてほしい」と言い残して逝ったものの、火葬後に戻ってきた遺骨を母親が手放さない――。そんなケースもあった。長年連れ添ったパートナーを失った親の胸中を思えば、むやみにせかすわけにもいかない。どうしたものだろう。悩んだ末に子どもたちが選んだのは「待つこと」だった。揺れ動く母親の胸中に寄り添い、見守ること実に6年。父への愛、そして母への愛。その大きさ、深さ、辛抱強さに、頭が下がる。「証明書」を手にした人々の表情や言動に安堵がにじみ、達成感や満足感がうかがえるのは、それだけの理由があるからなのだ。

「ご本人も家族も、本当にいろんな方がいらっしゃいます」と今井さん。立会人が果たすべき役割は、さまざまな背景を持つ遺族らの思いが故人につつがなく届くよう、さりげなく手を添えること。そんな自覚がある。会の勉強会などで自然葬について学び、かなりの知識を持っている会員や家族でも、当日の具体的な手順をしっかり理解している人ばかりではない。直前になって不安や迷いを抱えることのないように、そっと導く存在は欠かせない。

遺灰をまく前の遺族たちに、今井さんはいつもこう勧めているのだという。「亡くなられた方に伝えたい思いがあるのなら、遠慮することなく、ぜひ声に出して伝えてあげましょう」。さりげない言葉に背中を押され、多くの人々がさまざまな感情をあふれさせてきた。

「今でもよく覚えているんですが、大好きなおじいさんが亡くなって元気がなかった男の子が、遺灰をまきながら『大きなクジラになって帰って来いよー』と大声で叫んだんです。それまで胸の奥によどんでいた気持ちを、ようやく表に出せたのではないでしょうか」

もう一人、元軍人の男性のことも忘れられない。戦場で救えなかった部下を弔いにやって来たその人は、供養のための経本を肌身離さず持ち歩いていた。「人それぞれの胸に秘めた思いに触れることができるのが、立会人の醍醐味《だいごみ》ですね。引き受けてよかったと思います」

遺族に感想文の執筆を呼び掛けるのも、重要な役目と心得ている。「大切な方とのお別れを言葉にし、文章につづることで、自分の気持ちとも改めて向き合うことができる。葬送のとても重要なプロセスだと思うんです」と今井さん。ロビーで故人の思い出を語り合う人々に向けるまなざしが柔らかい。

朗らかに出発

「皆さん、そろそろ参りましょうか」。西俣会長の一声で、いよいよ午後の合同葬が動きだした。この日、3組目となる遠藤《えんどう》矩子《のりこ》さんの遺族7人と一緒にマイクロバスに乗り込む。船着き場まで、ゆっくり走って約10分。東京、埼玉、山梨、静岡、遠くは北海道から駆け付けた親類たちが、久々の再会を喜ぶ車内は和気あいあい。程なくバスは、定員15人のプレジャーボート「サン・ビクトリア」が待つ桟橋へと到着した。午後1時40分の出航まで10分余り。さっそく乗り込んで準備を進める。

キャビンに落ち着くとまず、万一に備えて全員がウエストポーチ型のライフジャケットを装着した。今井さんが一人一人に使い方を説明して回る。遺灰と一緒にまく色鮮やかな菊の花弁を細かくほぐす女性たちの姿も。海の上という非日常ゆえだろうか。誰もが楽しげで、笑いが絶えない。葬送という言葉から連想されるイメージとは裏腹に、これからピクニックかマリンレジャーにでも出掛けるかのような朗らかな空気が漂う。

急性腎炎のため78歳で逝った矩子さんの姉の法村《のりむら》香音子《かねこ》さん（83）が、船が動きだしてすぐにハーモニカを手にした。「湿っぽいのは嫌だからね」。戦前に満州に渡った両親の下に生まれた二人は、戦後も八路軍（共産党軍）に抑留され中国で育った。姉妹ともに大の歌好き。かつて一緒に口ずさんだ「故郷（ふるさと）」「浜千鳥」などの唱歌の旋律がハーモニカから流れ出す。

「１９９３年に一緒に『葬送の自由をすすめる会』に入って以来、熱心に活動してきた矩ちゃんは、きょうの日がさぞ待ち遠しかったことでしょう。美人薄命と言うから私もあと2年くらいかな、ふふふ」

　長く戦争が続いた中国で、家も墓もないような人々の必死な生きざまを見てきた二人は、山林をつぶして増え続ける日本の墓地が、高額で売買されることに納得がいかなかったようだ。先祖代々の墓を守ることで家制度に束縛され、思うように生きられない人もいるのではないか。そんな疑問も芽生え、理想を求めて行き着いた先が自然葬だった。「だから私たちにとって、自然葬は単に葬送の方法を意味するのではなく、ましてビジネスやサービスでもなくて、どう生きるかという問題でした。自然を大切に、子どもや孫に無用の負担を掛けない。そして何よりも、自立して生きる。それが自然葬の意味なんです」

「でもそれだけじゃなくて、夢があるのがいいと僕は思うんですよ。『海洋大循環』をご存じですか」と水を向けてくれたのは、矩子さんの夫の遠藤《えんどう》久芳《ひさよし》さん(73)だ。

　泰然自若のイメージがある海だが、実際には学校で習う海流をはじめ表層、深層に複雑な流れがあり、風や熱や引力の作用を受けて地球規模で絶えず循環している。それが海洋大循環だ。ひとしずくの海水が地球を巡り、元の場所に戻ってくるまでに要する時間は、実に1千年ともいわれる。「まさに悠久の旅。そこに妻を送り出すわけです」と遠藤さん。「矩ちゃんは旅行好きだったから、きっと楽しみにしていると思う」と香音子さん。先述の細川さんもそうだったが、世界に開かれた海への散骨には、はるかな旅のイメージがあるようだ。

夏色の笑顔

　港を出て約15分。相模湾の中央部へ向かっていた「サン・ビクトリア」のスピードが落ち始めた。後方に江ノ島、前方に伊豆大島が見える。雲間から伸び上がるような富士山の青いシルエットも。心配された台風の影響はほとんど感じられず、海は波も風もおとなしい。完全に停船するのを待って、全員で船尾のデッキへ。西俣会長の短いあいさつの後、いよいよ散骨が始まった。

遠藤矩子さんの自然葬で指笛を吹く遠藤久芳さん（左）。隣はハーモニカを奏でる法村香音子さん

環境に配慮して水溶性の紙袋に小分けされた遺灰が海へ投げ入れられ、溶け崩れた袋から波間に広がっていく。散華された花びらが風に舞い、水面を華やかに飾っていく。「さようなら」「元気でね」。そんな言葉が飛び交う中、矩子さんの好みのワインボトルを手にする遠藤さんの姿があった。船べりから海に注ぎながら「長野産が好物でね」。やがて香音子さんのハーモニカが「故郷」のメロディーを奏で始め、遠藤さんも得意の指笛で加わった。

さっきまで冗談を飛ばしていたのがうそのように、香音子さんが目を真っ赤に泣きはらしていた。「すぐ下の妹で、きょうだいでも一番の仲良しだったから。見送る順序が違うのがつらいの」。２曲目に選んだのは、中国の代表的な民謡「草原情歌」だ。「よく一緒に歌ったよね」。苦労も多かった大陸で、矩子さんが特に好きだった一曲。『お姉さん、お姉さん』とずっと後を付いてきてね。天真らんまんでみんなに好かれる子だった」。波に揺られて遠ざかる花たち。見つめる人々が、それぞれの思いを抱きしめていた。去りゆく旅人に感謝と哀悼をささげる静かな時間…。

そして別れの時は来た。全員で1分間の黙とう。哀悼の汽笛が鳴り響き、それまで沈黙していた「サン・ビクトリア」のエンジンに火が入った。花を中心にしてゆっくりと一周。名残を惜しみつつ、船は港へと引き返し始めた。

「旅が始まったのね…」。香音子さんが空を見上げてつぶやく。「葬儀なし、戒名なしで、最後まで本人の希望通りにできました。感無量です」と言う遠藤さんは、既に入会の手続きを終え、いずれは自分も相模湾から旅に出ます、と打ち明けた。「きょうはとりあえず『また会いましょう』と声を掛けておきましたよ」とうれしそうだ。

平塚の街がぐんぐんと近づく。「妹も満足したと思います。喜んでいることでしょう」とうなずく香音子さん。続けて「『妹ロス』がさっぱりしちゃった。ありがとう」。いたずらっぽい笑顔が、夏色に輝いた。

死者が見守る再生の森

いのちの気配、生者に癒やし

「土に還る」、あるいは「草木に宿る」と聞けば、それぞれのイメージはそれなりに湧く。絵も浮かぶ。でも、それらを一つに重ね合わせ、具体的な場所を思い浮かべようとすると、うまくいかない。ピントが合わない。そんなもどかしさを感じていた。野山に遺灰をまく自然葬の場として、全国7カ所で「葬送の自由をすすめる会」が運営する「再生の森」とは、一体どんな場所なのか。実際に現地に足を運び、自分の目で確かめることにした。

大地に染み込む

どこで遺灰をまいたのか、目印を付けておくわけにもいかず、再訪するには船を調達する必要もある海の自然葬と違って、「再生の森」は何度でも訪ねていきやすい。「墓ではないけれど墓に似ていて、『そこに行けば、あの人に会える』というような場所といえるかもしれません」。隣の座席の西俣会長がそんなヒントをくれたのは、ＪＲ中央本線の甲府行き特急「かいじ」の車中だった。

「また会える」。これが今回のキーワードかもしれない。そう思ってはみたものの、それが何を意味しているのか、この時はまだよく分かっていなかった。

多摩川を越え、東京を出た辺りから緑が急速に増えていく。山梨県に入ると次々にトンネルに遭遇。暗がりを抜けるたびに景色が変わり、深い谷、切り立った山が目を楽しませてくれる。東京・新宿駅から約1時間45分。観光客で混み合う日曜の甲府駅を出ると、川中島合戦の陣中に座る武田信玄の銅像がどっしりと出迎えてくれた。近くでレンタカーを調達し、この日のために特訓したという槇野《まきの》卓司《たくじ》事務局長（58）の運転で一路、「甲府再生の森」に向かう。

30分ほど走り、花こう岩の渓谷で知られる景勝地「御岳昇仙峡」へ。「森」の土地所有者で「自然葬立会人」の髙橋行《たかはしこう》さん（88）と駐車場で待ち合わせ、約10年前に母親の自然葬を行った福島朋恵《ふくしまともえ》さん（51）の一家とも合流した。車3台を連ね、山道を走ること約10分。急坂を上ってたどり着いた「森」の第一印象は…残念ながら「やっぱりよく分からない」だった。

「森」と呼ばれているけれど、森の鬱蒼《うっそう》としたイメージはない。緩やかな斜面が南に向かって開け、梅や桃や桜、栗や松などさまざまな樹木がまばらに立ち並んでいる。アジサイやシダの群落も点在し、方々に突き出たユリの花が強い芳香を放っていた。「雑木林」と呼ぶには華やかだが、果樹園や緑地公園ほどには整ってはいない。要するに捉えどころがないのだ。5千平方㍍を超える広さがあるらしいが、広々とした感じはない。斜面の向こうに遠く集落が見え、その奥に甲斐の雄大な山並み。つまりここは、里でも山でもないということだ。

「それが里山というもんです。人が手を入れてやらないと荒れてしまうけれど、草木が育ったり枯れたりするのを人が邪魔してもいけない」。のんびりした声で、しかし頑固そうに話す髙橋さんは独特の雰囲気の持ち主だ。某大手メーカーで定年まで勤め上げたそうだが、サラリーマンの面影は今はない。「個性派の仙人」とでも呼びたくなる。

仙人が言う。「人は自然の恵みのおかげで生きている。そして、いのちが尽きたら自然に還っていく。それが普通で当たり前です」。狭い墓穴に死者を封じ込めるような現代の埋葬法はもってのほか。「大地に戻すのが一番いい」ときっぱりと言い切る。「森」が開場した２００２年からこれまでに、約40人の自然葬に立ち会ってきたが、まかれた遺灰はその後、地面に刺さるようにして徐々に沈んでいくのだという。「いのちが大地に染み込んでいくんです」。絶妙な表現が、鮮明なイメージを誘った。

魂の行方

「あの時は15人近くいたかな。結構な大人数で、好き勝手にあっちこっちにまきました。なので、あの木が母です、みたいなのは特にないんです」。草地をずんずん歩きながら朋恵さんが言う。母の幸子《さちこ》さんは胃がんのため２００９年に69歳で亡くなり、翌年の春に「森」で自然葬を実施。その後も年に１、２回、家族で訪ね続けているのだという。「お祈りするわけでもなく、ただ歩き回っているだけなんですけど、気持ちがほぐれて落ち着くんです」。行き帰りの道すがら、近くのワイナリーや温泉に立ち寄るのも楽しみなんです、と打ち明ける。

「『落ち着く』『安心する』と言われる方は多いですよ」と髙橋さん。いわく、人が自然に還るとは、人が生きていく上で抱え込んだ欲望や怒り、嫉妬や恨みなどの情念を手放していくことでもある。そうした「人間くささ」が脱臭されていく「森」には、人の心を乱すファクターが少ないのだと解説してくれた。

なるほど、と思いながらも気になったのは、大地に還った後の魂の行方だ。大いなる宇宙と一体となった彼らの個性や知性、意識や人格は、跡形もなく消滅してしまうのだろうか。それとも、生者が気付けないだけで、実はどこかで私たちを見守ってくれているのか―。

「気配」を感じたのはその時だった。なぜか懐かしく、いとおしく、涙ぐみそうなほど温かい何者かの気配。姿が見えるわけでも声が聞こえるわけでもないし、そもそも死者か霊魂か神なのかすら、まるで分からない。「気配」としか呼びようのないそれはしかし、間違いなくそこにあった。風のそよぎ、花の香り、木々のざわめき、木立の中のフクロウのオブジェに身を寄せるようにして、そっと息づいていた。単なる思い込みかもしれない。恐らくそうなのだろう。霊感やオカルトや宗教の話をしたいわけではない。

でも考えてみてほしい。この生きづらい世の中の一隅から、もう二度と会うことはないと思っていた「あの人」が自分を見守ってくれている（かもしれない）。そう思い込むことができるだけで人は、どれほど強くなれるだろう。少なくとも、5歳で母親を亡くした私にとって、「甲府再生の森」にはそれを可能にする「場の力」があった。ここに来ると落ち着き、安心する、と語る人々もまた、同じ思いなのではないか。

墓ではないけれど

「来るたびに母を感じます。新しいものを積極的に取り入れ、他人と違うことをいとわなかった母のように生きたい、生きていこうと思うんです」。ベンチ替わりの倒木に腰を下ろし、朋恵さんが言う。

幸子さんは20代で原因不明の難病が発覚し、終わりの見えない闘病を強いられながらも、子ども向けの英語塾を開設、千人を超える教え子を社会に送り出してきた。ドメスティックバイオレンス（DV）に悩む女性を支えたり、日本の社会になじめない外国人留学生を励ましたりする活動にも取り組み、「持

木漏れ日がきらめく「甲府再生の森」でくつろぐ福島朋恵さんら

病があってちょうどいいくらいパワフルでポジティブ」だったらしい。

家族らに負担を掛けないように、死後は葬儀も戒名も墓も不要とする「三無主義」を掲げ、それを遺言書に残していた。死装束まで周到に用意されていた。「散骨と聞いて最初は驚くばかりでしたが、実際に自然葬を体験し、合理的に周囲に気を配ることができる母らしい選択だと思うようになりました」。唯一の心残りは、母が去る前に母娘でじっくり語り合う機会を持てなかったこと。「ちょうど子育てで手いっぱいな時期で……。もっと話がしたかった」

墓ではない場所に、墓参りに訪れるように通っている胸の内には、「今からでも遅くはない」との思いがあるのかもしれない。いつ来ても、いつまで居ても構わない「甲府再生の森」は、気の済むまでゆったりと自由に過ごせるのがうれしい。「緑の中で母の気配に包まれて、いろんなものを受け取っている気がします」とほほ笑んだ朋恵さんが、きらめく木漏れ日に目を細めた。「逝った人だけでなく、それ以上に残された人が癒やされ、力をもらえる。私にとってここは、そういう場所なんです」

第2章

文集

平成の挽歌

―大自然に還る

山折哲雄の詞書

詞書（ことばがき）とは古来、歌人たちが、自分の詠んだ歌のはじめにつけたコメントのことでした。万葉集や古今和歌集に出てきます。歌をつくった個人的な背景や趣旨を簡潔につづったものです。

歌には愛をうたう相聞《そうもんか》歌、死者を悼む挽歌《ばんか》の別がありますが、ここでは自然葬で逝かれた方々に対する慰霊、鎮魂の気持ちを込めて、あえてその「詞書」という和歌の作法を借りることにしました。

この「詞書」の言葉はのちに、次第にふくれ上がっていき、「源氏物語」のような歌物語になっていくのですが、本書に収められている、心を打つ「感想文」の一つ一つが、そのことを私に思い起こさせてくれたのです。

山折哲雄

参考文献
「私家版・昭和歌謡集」田辺聖子編／非売品
「新編和歌の解釈と鑑賞事典」井上宗雄・武川忠一編／笠間書院
「蓮如文集」笠原一男校注／岩波書店
「定本良寛全集 第二巻歌集」内山知也、谷川敏朗、松本市壽編／中央公論新社
「新選与謝野晶子歌集」与謝野晶子著、道浦母都子選／講談社
「一茶」藤沢周平著／文藝春秋
「北原白秋詩集」北原白秋著／角川春樹事務所
「歌は世につれ」丸山鉄雄著／みすず書房
「新編 啄木歌集」久保田正文編／岩波書店

＊単行本化にあたり、感想文中の用字用語など一部変更しています。

大森山再生の森・個人葬

平成24(2012)年、友人を送る

かなえてあげたかった風になる思い

大原尚子

雪で1日延ばしになった3月14日、無事、宮城県の大森山再生の森で自然葬を行うことができました。例年になく遅い春、梅の蕾《つぼみ》もまだまだ固く、蔵王から吹き下ろす風は冷たいけれど、キラキラ輝く春の日差しの中での散骨でした。

思えば、〝風になりたい……〟と言いながらあの人は急ぎ足で逝ってしまいました。病状が落ち着いたら一緒に大森山を見に行こうと言っていました。自然葬については、以前より興味、関心を持ちながらも、まだいいだろうという思いが正直なところでした。

昨夏の突然の発症、緊急入院、余命の宣告に慌てて入会。生前契約の途中で還らぬ人となりました。後を託された弟さんたちは、散骨に反対はしないものの、やはり生きていた証しが欲しいとご実家の墓への納骨を決断されました。〝風になりたい……〟と言っていた思いをかなえてあげたくて分骨を願い出、私も急いで入会し、遺族契約を結びました。

何もかも初めてのことですので、お願いして、2度下見をさせていただきました。不安を持ちつつ訪れた大森山再生の森は、数本の桜や梅の古木、ナツツバキ、ハナミズキなどの木々、美しい竹林、そして、たくさんの水仙などぬくもりを感じさせる穏やかな丘陵地でした。

当日は、例年ならとうに咲いている梅や水仙の代わりに持参したバラの花びら、庭で摘んだ山茶花《さざんか》、そして春の香りのするピンクの花びらと一緒に、少し冷たい春風に乗せました。

ここに至るまでにはたくさんの方に温かく接していただきました。本当にありがとうございました。そして、これでよかったのかしら？

山折哲雄の詞書

風になりたい
風にのりたい

筆者は、おそらく故人の親密なパートナーだった。生前から、一緒に野や山を歩き、咲き乱れる花や草を楽しみ、旅を重ねていた。いつも、風が吹いていた。激しく吹くときもある。優しく語り掛けるように吹いてくることもある。その忘れ難い思い出が一つ一つの言葉ににじみ出ている。

風の縁、ですね。ふと、万葉時代の恋多き女人、額田王《ぬかたのおおきみ》の歌がよみがえりました。

冬ごもり　春さり来れば　鳴かざりし　鳥も来《き》鳴きぬ
咲かざりし　花も咲けれど　山をしみ
入りても取らず　草深み　取りても見ず

――『万葉集』

春が来ると、鳴かなかった鳥も来て鳴く。咲かなかった花も咲く、けれども山が茂るので、入って取ることができない。草が深く茂るので、取って見ることができない。

冬ごもり、春さり来れば、いつでも故人の面影が、風にのって、私のところに吹いてくる。

小樽沖・特別合同葬

海面の花びらはまるで現代芸術　桂川潤

平成24（2012）年、父を送る

　昨秋永眠した父は札幌出身の画家で、生前「狭い墓には入りたくない」と兄弟に伝えていたそうです。遺骨をどうすべきか思案していた折、小樽・祝津《しゅくつ》沖での自然葬を伝える新聞記事を目にしました。北海道立近代美術館に寄贈した父の遺作「夢」シリーズには、祝津ゆかりの鰊《にしん》と鰊御殿《にしんごてん》が印象的なモチーフとして描かれています。故郷を想う作品が北海道に帰り、あわせて遺骨も祝津の鰊と戯れるなら父も本望だろうと、早速、小樽沖特別合同葬を申し込みました。遺骨を砂粒状に砕き、水溶性の和紙に包んでいく過程は、残された身内にとって忘れ得ぬ時間となりました。

　私自身「自然葬」や「散骨」は経験がなく、北海道在住の親族も戸惑い気味でしたが、天候に恵まれた7月7日、碧水の祝津沖に遺骨を送り、美しく花弁が海面に舞うのを目にして、「まるで現代芸術。故人にふさわしい送りができた」と、一同深い感銘を受けました。折しも道立美術館で開かれた新収蔵作品展に、父の18点の作品も展示され、すべてがあらかじめ計画されたように運んだのは、不思議としか言いようがありません。

山折哲雄の詞書

芸術葬でしたね。普通の葬儀でも告別式でも音楽葬というのはよくありました。ふるさとの美術館に寄贈された父上の絵、その地の海に流されていく遺灰。それが花びらと戯れる鰊と重なって美しいイメージを喚起する。

かつてこの国には、自分の余命を悟った古老たちが己の肖像画を描いてもらって、告別の場に飾ってもらう風習がありました。私の祖父も僧侶でしたが、人に頼んで自画像を描いてもらい、逝きました。残念ながら老いの表情を、リアルなままのこして……。

ふと、あの源実朝《みなもとのさねとも》の歌がよみがえってきます。

箱根路をわが越えくれば伊豆の海や
沖の小島に波のよる見ゆ

―『金槐和歌集』

箱根の山を越えてくると、広々とした伊豆の海が眼下に開けてくる。遠くに目をやると、沖の小島に波が打ち寄せているのが見える。北海道小樽の祝津沖での散骨葬は、伊豆の海に劣らず明るい、花びらの舞う、まるで絵のように美しい自然の中で行われていたのでしょう。

響灘・個人葬

孫のトランペットで送られた父母

平成24（2012）年、両親を送る

清水いづみ

8月13日、父と母をなじみ深い響灘《ひびきなだ》（下関沖）で送ることができました。

前日、家族と孫たちみんなで遺骨を砕きました。最初はおっかなびっくりだった孫たちも、両親の思い出話に花が咲き、にぎやかに作業をする様子は、いつもの夏休みと変わらない光景でした。

当日は、雨が降ったりやんだりの天気でしたが、散骨場所の六連島《むつれじま》沖に着くと、雨もやみ、穏やかな雰囲気の中でお別れをしました。遺骨と花を海に流し、父の好きだったお酒もまきました。孫のトランペットの音色に送られるなんて、予想外だったでしょうが、きっと二人も喜んでいることでしょう。

船からは、実家近くの浜辺も見え、こんなに近くの場所でお別れができて、本当に良かったです。今ごろは、両親のふるさと、東北あたりを旅しているのかもしれません。

お墓はないけれど、海を見ればいつでも思い出します。こんなすてきな選択をしてくれた両親に、心からありがとうと伝えたいです。

山折哲雄の詞書

トランペットの音色に包まれて、水平線のかなたへ。家族で遺骨を粉骨に砕きながら、明るい思い出をのせて。

　水平線は、遠く天と地の交わるところ、ご両親の面影が静かに立ちのぼり、こちらを見てほほ笑み、手招きをしている、そんな姿が見えるようです。

　船からは実家近くの浜辺が見えている。それを背に、これからの長の旅路…

名も知らぬ遠き島より
流れ寄る椰子《やし》の実一つ
故郷の岸を離れて
汝《なれ》はそも波に幾月
――島崎藤村『椰子の実』

　名もなき島から島への旅、そこにふるさとの美しい浜辺の松並木のイメージが重なる。若い孫たちのトランペットによる見送り、海という未知の舞台が演出する不思議な光景ではないでしょうか。

大森山再生の森・個人葬

自然豊かな広い庭に不安も消える

平成25（2013）年、夫を送る

沼津洋子

死んだら無だと言いながら具体的に話し合うこともなく、主人は突然亡くなりました。子どもがいない私たちは自然葬で、と迷うことなく手続きをし、お骨と6カ月近く一緒に過ごしました。

散骨の日の4月16日、高速バスで隣の席にお骨を置き仙台に向かいました。大森山はどんなところかな、と少々不安でした。駅から、東北支部長の阿部みちよさん運転の車に乗せていただいて着いた大森山は、山というよりは自然豊かな広い庭という感じでした。

草木に遺灰をまきました。庭には家もあり、管理人の潮好昭さんにもお会いし、主人も自然に還るまで寂しくないね、とほっとしました。

自然葬を行う前の阿部さんの挨拶に深く感動し、帰宅してからも繰り返して読みました。主人も義兄も納得してくれたのではと気が楽になりました。私は、少しばかり残した主人の灰と一緒に都合いい日にどこでもいいから、と姪《めい》に託しました。入り口は違っても、地球の循環の中に還れば皆同じと思います。

山折哲雄の詞書

大森山再生の森は、山というより、広々とした庭の延長のよう、樹木に囲まれた散骨は、まるで草花の精が舞い、遊んでいるよう…。

会の支部が全国にあり、それぞれの支部長さんが、時には車を運転して連れて行ってくれる。そして自然葬にふさわしいご挨拶。鎮魂、供養の儀式といってもいいですね。

我やさき　人やさき
けふともしらず　あすともしらず
されば　朝《あした》には紅顔ありて
夕《ゆうべ》には白骨となれる身なり
――蓮如「白骨の御文」

バッハやモーツァルトのレクイエムが流れていても、いいですね。

観音崎沖・特別合同葬

マーラーのアダージョに送られて

平成24（2012）年、母と夫を送る

吉田幸子

9月22日、観音崎沖の特別合同葬に家族4人（私と3人の子供たち）が参加して、母と夫を見送りました。

当日は、長かった残暑も一段落とはいえ日差しも強く、集合場所の横須賀三笠公園は、バーベキューのため沖合の猿島行きのクルーザーを待つ若者や家族連れでにぎわっていました。

散骨といえばF・フェリーニの映画『そして船は行く』が思い出され、諸行無常の感しきりでした。

出航後20分ほどで到着、事務局の方の司会でマーラーのアダージョをBGMに参加7家族それぞれの思いを込め、故人の冥福を祈りながら遺灰と花びらを海に投じ、汽笛を合図に黙《もく》祷《とう》。

私どもの場合、二人ともすでに高齢でしたが、各家庭それぞれ事情は異なり、とてもつらい様子の方もいらっしゃいましたが、深い思いを込めて故人を送ったあの一瞬の一体感は、特別合同葬ならではのものと、この好遇を思いました。

山折哲雄の詞書

別れゆく故人との去り難い思い出、それとお墓への埋葬という耐え難い気持ち、そんな心の葛藤の中で、いく月かの時間が流れ、お二人の遺骨を海へ、という決断にたどり着かれたのでしょう。嘆きの時を経て、寄せくる白波の中へ。無常という自然の恵みだったのかもしれません。そのとき意外にも、合同葬に参加された方々との一体感に包まれる。目に見えないものの、いのちの働きを感ずることができたような気がします。

観音崎よ
観音崎沖の海よ

白鳥《しらとり》はかなしからずや空の青
海のあをにも染まずただよふ

――若山牧水『海の声』

横浜沖・個人葬

妻は受け止めてくれたと信じたい

平成24（2012）年、妻を送る

酒井進

手術成功から2カ月半で亡くなった妻が散骨希望を明確に口にしていた訳ではない。心の準備が整わないうちに亡くなったからだ。ただ、折に触れ「遺骨はどこかに撒《ま》いてほしい」と漏らしてはいた。彼女の従姉妹たちはよく冗談で「横浜高島屋の屋上から撒いてほしい」と言っていた。

彼女も横浜生まれ、横浜育ちだ。われわれ夫婦は喫茶レストラン「馬車道十番館」、とんかつの「勝烈庵」、うなぎの「わかな」、蕎麦の「しなの」、フランス料理「金港亭」等々、横浜のおいしい店を食べ歩いた。ニューグランドも彼女のお気に入りホテルだった。

昨年の大みそかから元旦にかけ、1泊2日で宿泊した。夜中の12時の船の警笛を聴きながらいたくご満悦だった。「今年も大みそかの予約が取れないかな」と言う。無理だと思いつつ、フロントに尋ねると「お取りできます」と意外な言葉。1泊5万円という庶民には目の飛び出る金額だが、妻の顔を見ていると男として断ることはできなかった。しかし、実現することのない夢となった。

散骨はニューグランドが見える横浜港でやってあげたいと切望した。そんな折、近しい友人の伯父叔母が横浜港で散骨したという情報が入った。偶然とはいえ、妻が天国から友人経由で情報を送ってきたのではと思った。妻が散骨を望んでいると確信し、「葬送の自由をすすめる会」に入り散骨日を９月29日と決めた。

散骨日までの１カ月間は忙しかった。遺骨の粉骨化は会に紹介してもらった業者に頼んだ。散骨参加者を募り（合計９人となる）、友人に花を頼み、散骨後の食事会場の手配や手元供養のための容器も注文するなど、暇なく準備した。

予定日まであと数日となったところで17号、18号と二つの台風が接近した。小型の18号が17号を追い抜いて本州に接近してきた。しかし、会からも船会社からも中止の連絡はない。気をもみながら眠り、朝になった。空は晴れ上がって真っ青。18号は東北沖に去り、17号は速度を上げながらもまだ沖縄近辺にいて、関東には影響は出ていない模様。妻の好物だったコーヒーをポットに詰めて家を出た。

「みなとみらい」には、参加メンバー９人が徐々に集まり11時前に出港した。海風を頬に受け30分ほど沖に出た。船はエンジンを止め、「千の風になって」のＢＧＭを聴きながら水溶紙に包まれた遺灰を投げ入れた。ほんのひとつまみを残して妻の遺骨は海の底へと消えていった。しばしの黙祷《もくとう》をした。自己満足ではなかったのかという気持ちが心の中を過ぎる。妻のことを思って実行した自分の気持ちを信じたい。彼女が受け止めてくれたと信じたい。信じることでこれからの人生を前向きに生きていける。

散骨という未知の世界に導いてくれた会に感謝したい。

横浜出港の明るい思い出に結び付いた散骨の旅。名店食べ歩きの記憶、心配りの行き届いた食事会、親族の「手元供養」のため残されたわずかの遺骨。妻の意思を確認しないまま、しかし「千の風」のメロディーにのって、その「風」の便りに故人の気配を感じながら遺灰を海に送る。散骨という「未知の世界」が広々とした海と空の交わる水平線のかなたに鮮やかに浮かぶ。

次から次へと台風が接近する中、幸運な航海をすることができた。舞台が横浜だったからだろうか、「浜っ子」気質がムンムンする中、それが飛びゆく軽快なメロディーに重なる。ちあきなおみさんの静かな低い、悲しみの声が追っていく……。

波止場に出れば、カモメがブイに2、3羽
一服しながら　ぼんやり潮風に吹かれてみるのが
あたしは好きなのさ
カモメよ　カモメよ
淋しかないか
帰る故郷があるじゃなし
おまえも一生　波の上
あたしも一生　波の上
あぁ　ドンブラコ

――「かもめの街」(作詞・ちあき哲也)

真鶴沖・特別合同葬

平成27（2015）年、母を送る

戦死した兄と70年ぶりに再会

百瀬由利

4月に横須賀、観音崎沖に散骨予定が、波が高くて前日に中止のお知らせ。横浜沖は近過ぎる気がして、9月に真鶴に変更した合同葬が開催された。しばらく長雨が続く中、幸いにも奇跡的に晴れた土曜日だった。

昨年12月に88歳で亡くなった母、奥野道子は10年ぐらい前から散骨を希望。旅行好きなので、セーヌ川かナイル川、がいいとの希望を漏らしていたが、最終的に「近くの海でいいわ」と言っていた。

車が渋滞に巻き込まれないように早めに来たら8時に着いてしまい、偶然にも義父の墓が真鶴の丘にあり、お参りを先にした。義父に見守られる海に散骨されるので母も寂しくないような気がした。

まだ時間があったので岬の先の三ツ石の見える展望台までドライブした。原生林のような木々の森は御林《おはやし》と言うそう。しめ縄のかかった三ツ石といい、荘厳な神懸かった土地のように思えた。

遠くの海を眺め、散骨はあの辺りか？と思いながら、遊覧船乗り場に向かう。「花びらにした方がきれいですよ」という会の方のアドバイスで細かく花びらに花をちぎった。

電車で到着した妹夫妻と、主人と大学生の息子と5人で乗船。他にも8組ぐらいの方々とご一緒した。私と息子は冷房の風のかかる船内にいたが、船酔いを心配して妹夫妻と主人はデッキにいた。それでも凪《な》いでいる日だそう。船が小さいせいか散骨地点でもかなり揺れた。

人数分に分けて水溶紙に包んだ砕いたお骨を投入。仕事で来られなかった孫である長男の分も次男に投入してもらう。水溶紙が広がり白い衣のように見えた。花びらをまき、様子をカメラに収め、黙祷《もくとう》して3回旋回していただいたので母に別れを言った。きれいな海に沈み母も満足だと思う。

亡き友と再会し大海原を回遊しているだろう。台湾で墜落し戦死した兄（伯父）とも70年ぶりに会っているだろう。

会の方がかもめにあげるエビせんを配られて、息子や主人はかもめに手から食べさせることができた。真鶴は鶴が羽を広げた形で、三ツ石はそのくちばしの辺りと説明してくださり、沿岸を観光しながら帰港。

最初は全部散骨希望だったが「少しはお墓に入れてもいいわ」と、数年前からの母の希望。関西系の小さい骨壺をインターネットで求め、お骨半分を入れて、母の部屋のたんすの上に置いてある。秋になったら多磨霊園にある父の眠る奥野の墓に埋葬予定。

観音崎沖は母が子供時代に6人きょうだいの家族で夏を過ごした千葉・竹岡の向かいにあるから、と納得していたが、真鶴も同じく子供のころ夏を過ごした家があった箱根に近いので、母の魂も落ち着けるのではないかと思う。

山折哲雄の詞書

そうですか。太平洋岸の真鶴沖で散骨されましたか。白い鶴が、翼を大きく広げて、内海の湾を包み込む形で空に飛び立つ。あの鶴マークの日航機のように。そういえば、日本海側の舞鶴湾もそうですね。あの「鶴の恩返し」の物語も、そんなイメージの中で語られるようになったのでしょう。

母上はかねて、散骨するならセーヌ川かナイル川かと希望されていたけれども、最後は近くの海で、となったようですが、会では以前、インドのガンジス川で散骨葬を行ったことがありました。十数人の会員が参加して、あの遺体焼却場のあるベナレスに参りました。早朝、日の出の前に舟を出し、日が昇り始めたとき、会員の方々が携えてきたご遺灰を花びらとともに流し、送ったことを想い起こします。

ふと、与謝野晶子《よさのあきこ》の歌が浮かんできました。

海恋し潮《しほ》の遠鳴りかぞへては
少女《おとめ》となりし父母《ちちはは》の家

――『恋衣』

晶子は、大阪の堺に生まれ、毎日のように海を眺めながら育ちました。夫を恋し、家族を想い、親、兄弟を愛し、海外の文化に対する憧れの気持ちを抱き続けていました。できれば、鶴のような翼をのばして、飛んでいきたいと……。

阿蘇外輪山再生の森・個人葬

清々しい空気と小鳥の声に送られて

平成26（2014）年、父とおじを送る

牛嶋めぐみ

今回で2度目の自然葬です。最初は7年前、父を阿蘇外輪山再生の森に散骨させていただきました。会に入ったのは私で、私にとって骨壺に入れられてお墓に入るということは「狭いよ、暗いよ、怖いよ」で嫌だったので、何か方法はないかしら？と思ってインターネットで調べて「へぇ〜　こういうのがあるんだ。私が死んだらこれでお願いねって子供に遺言しよう」と、まだ子供も小学生だったので漠然と思っていただけでした。

医師だった父はかねて「病気で意識が無くなっていたら、一切延命処置はしないように」と書類を作成し、私と兄に渡しておりましたので、「こんな方法もあるよ」と自然葬を紹介すると、「ふ〜ん　これ良いな」と言っておりましたので、亡くなったときは家族も納得し、ペットの犬も参加して皆で散骨いたしました。

今回は27年前に亡くなった叔父の散骨でした。87歳の叔母には子供がおらず、いずれ無縁仏になるのは分かっているので、自分が動けるうちに夫の遺骨を出して、同級生で大の仲良しだった私の父と同じ場所に散骨してほしいと頼まれました。

お墓から遺骨を出すのはどうすれば良いのかしら？と考えていると、会からの冊子が届き、参考にしました。遺骨を出して5月9日に自然葬にするまで、ゴールデンウイークで帰省していた兄夫婦や、米国から一時帰国した私の息子の都合で時間が差し迫って、ご無理を申しましたが、会の方が親切に対応してくださり、つつがなく事が運びました。感謝しております。

７年前は駐車場から９００㍍ほど歩かなければならなかったため、足の悪い母と叔母は、森の中には入って行けず、車の中で待っておりましたが、今回は車で行けるようになっており、おばあさん２人も一緒に散骨ができ、母は感慨深そうでした。清々しい空気と鶯《うぐいす》や小鳥のさえずりが聞こえ、母も叔母も「私も早くここに来た〜い」など冗談とも本気とも取れる事を言って、幸せそうに笑っておりました。

山折哲雄の詞書

最初は7年前、お父さんの散骨、今回は27年前に他界された叔父さんの散骨、実に鮮やかな山中自然葬でした。ここ10年の間、高齢化がいっそう進み、社会の葬儀のあり方が大きく変わっていったことが、自然に伝わってくるようなお話でした。

医師のお父さんが一切の「延命処置」を辞退。叔父さんの方は、叔母さんが無縁仏になるのを避けて、改めて散骨を選択、そのためお墓から遺骨を取り出して自然に還す。墓じまいを決断された。いずれご家族の一員であるペットも「阿蘇外輪山」へ、ということになるのでしょう。会では、全体として海上自然葬への希望が多いのですが、山中自然葬もすてき、という朗らかな声が聞こえてくるようでした。歌が口から、ついこぼれそうになります。ここは、やはり…

丘を越えて　行こうよ　真澄の空は　朗らかに晴れて
楽しい心　鳴るは胸の血潮よ　讃えよ　わが青春《はる》を
いざ行《ゆ》け　遥か希望の　丘を越えて

――「丘を越えて」（作詞・島田芳文／作曲・古賀政男／歌・藤山一郎）

仙台沖・特別合同葬

平成26（2014）年、夫を送る

バラとアジサイの葬列

辛 澄恵

昨年の夏「家族だけで静かに見送って、骨は仙台の海に散骨してほしい」と遺言して夫は旅立ちました。

7月19日午前、私は子どもたちと孫とで集合場所へと向かいました。船は松島湾を通り抜け、仙台湾の沖の方へと進みました。

やがて立ち会いの方が、「私たち地球上の生命は30数億年もの昔、この海に生まれました。今日、呉世龍さんはその海に還ってゆくべきと考えます。私たち人間も自然の一部です。多くの生命を頂いて生きてきました。死ねば今度は新たな生命の糧として大いなる地球の循環の中に還ってゆくべきと考えます。死者はその人を思い続ける人がいる限り、その人の中で生きているものと思います。自然を損なうことなく自然葬を選ばれたことに敬意を表し、心よりご冥福をお祈りいたします」と、挨拶されました。

この挨拶を聞くことによって、子どもたちは、本当に墓をつくらなくてもよいのかという迷いが吹っ切れたと言っていました。

私たちは水溶性の和紙に包んだ遺灰を海に還し、夫の好きだった日本酒を注ぎ、バラの花と隣家の庭に咲いていた真っ白なアジサイを撒《ま》きました。水面に漂う色とりどりの花びらは美しい花の葬列のごとく遠く離れていきました。夫が少年のころから慣れ親しんだ海で、孫や子どもたちと遺灰を還すと安堵《あんど》感でいっぱいになりました。墓がなくても夫は自然に還り、自然の一部となって、永遠に私たちの中に生き続けるだろうと思いました。

山折哲雄の詞書

　家族だけの、静かな語らいでの見送り、そして旅立ちでした。これまでのお別れの会は、たくさんの参列者、式のための面倒なしつらえ、接客の忙しさなど、家族だけで悲しみ、お別れする、そのような時間はなかなか取れませんでした。

　単に簡略にするというのではない、お金をかけないというのでもない。別れの切実さ、寂しさ、肉親への思いなどを静かな語らい、沈黙の中で過ごす、そのためだったに違いない。

　バラとアジサイの花びらを散らした、美しい葬ができました。少年のころから慣れ親しんだふるさとの海へ……。

　海こそ、幼い日の、懐かしい記憶をよみがえらせる無限の庭。

　あれは確か、かつて伊達藩の武士、支倉常長《はせくらつねなが》がはるかヨーロッパに向けて船出をした海でもありました。

広瀬川　流れる岸辺
想い出は　帰らず
早瀬　躍る光に
揺れていた　君の瞳
時はめぐり　また夏が来て

――「青葉城恋唄」（作詞・星間船一／作曲・歌・さとう宗幸）

紀伊半島沖・個人葬

答えの出ない矛盾や疑問に包まれて

平成27（2015）年、妻を送る

鈴木茂明

70歳すぎの妻が、別れの言葉を交わす間もなく急に逝き、それから半年たった7月の初めに散骨をしました。紀伊田辺の港から出港して、20分ぐらいの航走で故人の希望の場所に着きました。梅雨の最中であり、また故人も自他共に認める「雨女」で、実行前日は大雨でしたが、当日は曇り空で雨具を使わずに済みました。

参加者は私と、関東から来ることができた娘2人とその夫1人、孫1人、それと故人の妹の総勢6人でした。船が静かな湾内を走っている時は、皆景色を見ながら故人を偲んでいました。散骨ポイントは海流があり、波で船が揺れて何人かが船酔い気味になり、早々に散骨を済ませました。

私も孫の船酔いに気を取られ、波間を漂う花びらなどを感慨深く見たり、黙祷《もくとう》することを失念してしまいました。散骨は妻のための最後の仕事です。自分の気持ちに一区切りつくかと期待していたのですが、やるべきことを一つ終えたというだけのことでした。

亡くなった本人も私も、人が死んだら「無」と考えていました。しかし、葬儀などの儀式は故人の遺志を斟酌《しんしゃく》することが多いので、あながち残された人たちだけのために行うとは言い切れません。本当に「無」なのでしょうか、答えの出ない矛盾や疑問に包まれている今日このごろです。

山折哲雄の詞書

おっしゃる通り、難しい問題ですね。私も、あらかじめきちんと考えていると思っていたのに、いざその時になると慌ててしまうかもしれません。ああ、もっとしっかり心の準備をしていなければと、いつも悔やんでいるありさまです。

それがわれわれの日常、と思えばいくらか気が休まるとは思っていても、なかなかそうはならない。人の世は、どこまでいっても無常だな、とため息が出ます。私は、そんな人の世の「無常」が「無」と言われるようになったためではないかと、いつしか思うようになりました。

われわれの社会では、昔からよく「死生観」という言葉が使われ、何となく人々の心になじんできました。死ぬことと生きることが切り離せないことと思ってきた。表裏一体の関係だったと言っていいかもしれません。生と死とは別々のものではない。もしこの二つが別々のものであれば、死はやはりつらい。それが一体のものであると思えば、いくらつらくても、耐えるほかはないと思い返す。だから人の世というものは、単なる「無」ではない、「無常」なのだ、自ら納得するようなところがあったのではないでしょうか。

それから、もう一つ。死生観という言葉には、生に先立って死の文字が頭にきていま す。もしかするとこれは、日本列島人の、生きるための知恵だったのかもしれませんね。

うらを見せ
おもてを見せて
散るもみぢ

――良寛

横浜沖・個人葬　平成28（2016）年、父を送る

各地の教え子たちに見送られて

新保直美

平成2（1990）年、母が60歳でポックリと亡くなり、その3カ月後に父親（金子新一）が食道がんで入院しました。かねて宗教・坊さん・墓・葬儀のあり方に疑念を抱いていた私は、高校時代の学友から葬送の自由をすすめる会を紹介され、この時とばかりに即会員になりました。自分の最期は、学友に散骨を依頼できると考えていました。

父親はその後、26年間も元気で日々を過ごしてきました。しかし今年3月に88歳で旅立ちました。生前から「墓はいらない。散骨をしてくれ」「現役中、退職後も関わってくれた教え子たちに知らせてほしい」との伝言を受けていましたため、葬儀は無宗教で、教え子中心の旅立ちの会を行いました。散骨の会の参加を希望する教え子の方々が多数いらっしゃいましたので、個人葬に代えて27人にて散骨の会を執り行う企画を立てました。

台風続きの時期でしたので当日の天候も心配でしたが、晴天に恵まれ無事に散骨の乗船→儀式を始めることができました。参加者のほとんどは東京の方でしたが、愛知県から群馬県から千葉県からもお越しいただきました。私をはじめ皆さんも散骨は初めての体験でした。乗船→散骨→真紅の薔薇《ばら》の花びらを撒《ま》き、海に浮かぶその真紅の花びらの周りを船で旋回していただきました。ここまででも感慨の想いが込み上げてきました。

乗船場までの帰路では、山下公園付近を遊覧していただき、船長さんに名所ガイドまでし

ていただきました。初体験のサプライズに感激したのは私だけかしら、いいえ皆さんも賛同されたに違いないと確信しています。参加された方の中には、「自分の子どもに『散骨のこと』を参考にしてもらいたい」と、私に熱心に問い合わせてこられた方もいらっしゃいました。

父親の旅立ちにあたって「これだけの方々の見守る中で儀式に恵まれたことを、父はきっと満足しているはずだ」と自負しながら、会の数々のご配慮と、乗船に立ち会っていただいた方、船長さんとその奥さまには、言葉には代えられない感謝の気持ちでいっぱいです。

山折哲雄の詞書

たくさんの教え子さんたちに見送られて、これこそ自由な発想から生まれた、新しいスタイルですね。戦後70年以上もたって、これまでのこの国の葬儀を振り返ると、無宗教の告別式、儀式抜きの旅立ちが、随分増えてきました。

伝統的な通夜、葬式がすたれ、ただのお別れ会、直葬、家族葬などの簡略化、場合によっては死体処理のようなものまで出現するようになったことはご承知の通りです。

そんなご時勢のなか、教え子さんたちとの、思い出に満ちた合同仲間葬を企画された。誠に新鮮な発想で、心からの拍手を送りたいと思います。その舞台が広い広い海の上、というのですから、おそらく湿っぽい空気を一掃して、にぎやかな宴の様相を呈したことでしょう。

乗船→散骨→真紅のバラの散布、という形の死の作法、見送りのマナーが、人々の心を捉えるようになったのでしょう。

磯の鵜の鳥や　日暮れにゃかえる　波浮《はぶ》の港にや
夕やけ小やけ　あすの日和は　ヤレホンニサ　なぎるやら

――「波浮の港」(作詞・野口雨情／作曲・中山晋平)

真鶴沖・特別合同葬　平成22（2010）年、妻を送る

真鶴沖に散骨して6年

今井洋光

「死後は灰として、美しい海に散布してください」と遺言して逝った妻、それから6年が経とうとしている。遺灰を300グラムの袋三つと残り30グラムの袋に作ってもらい、大きな袋は真鶴の海に散布した。

手元に残した少量の内から、米粒ほどの量を「アッシュペンダント」に入れて、5グラムほどをハワイのカウアイ島「ハナカピアイ湾」に、残り全てを西表島の「星の砂」のある海に散布した。子供がいなかったので、寂しくなると一人で山に出掛けたりした。

ニュージーランドの「ミルフォードサウンド」、フランス側からピレネー山脈越えでスペインのオルテッサ渓谷へのトレッキング。ニュージーランドのフィヨルドの海がきれいだったので、ノルウェーの「ソグネフィヨルド」「アウランドフィヨルド」を見に一人で出掛けたりした。ここは『アナと雪の女王』のモデルとなった「プレークストーレン」、フィヨルドの海面から600メートルの高さにある台地（テラス）を約2時間半かけてトレッキングしていく人気のスポットである。その他にもクロアチア、スペイン、チェコ、オーストリアなど、短い期間にあちこち行ったりした。

家に一人でいるときは、コーヒーのお供にケーキなどを作り、また、クリスマスが近づくとバラ、ガーベラ、スイートピーなどの生花を使ってクリスマスリースを作ったりしている。

前にフラワーアレンジメントの教室でいろいろ教わったので、とても参考になっている。
今も私は会のボランティアを続けている。亡き妻が、ひとりぼっちになった私に何かすることを願って、このような機会を与えてくれたと思って、続けているわけである。私の体のどこかに、彼女の意思が残っているように感じる。

夕日のときにもう一度来てみよう

～6年前の感想文～

生前まだ妻の体力があるとき、茅ケ崎の海岸近くに住む私たちは二人で海岸遊歩道（サイクリングロード）を、療養中の運動のつもりで毎日のように散歩しながら海を眺めていた。晴れた日には大島、伊豆半島、房総半島、富士山が見渡せる海は、散骨場所として最適だったと思う。伊豆にゴルフの行き帰りの道々で、きらきら輝いている海を見ると、そこに彼女がいるという感激に耽《ふけ》ってしまう。

子供のいなかった私たちは、お彼岸に両親の墓に行くたび、後々のことを考えると散骨がいいと話していたが、「死後は灰として、美しい海に散布してください」と遺言を残して逝ってしまった妻は、昔旅行したインド洋モルディブの珊瑚礁の海をイメージしていたかもしれない。

散骨するとき、別れが少し切なかったが、波で船が揺れたことを除けば、天候に恵まれ無事終えることができてよかった。港に帰る船の中で、凪《なぎ》の日に海面が夕日に染まるときれいだろうなと想像した。タイミングを見て、今回頂いた遊覧船の券でもう一度周ってみようと思う。

６年前、愛する妻を失う。遺言通り、海に散骨する。遺灰を３００グラムの袋、30グラムの袋に分け、大きな方は真鶴沖に。手元に残したものから米粒ほどをペンダントに入れ、それを少しずつ分けて、ハワイと沖縄の海に散布。その細やかな心配り、熱い思いに惹きつけられます。

それが、亡き人の面影を追い求める長途の旅になって、ニュージーランド、フランスのピレネー山脈、スペインの渓谷、ノルウェーへの巡礼の旅へと、姿を変えていく。

ほとんど故人との同行《どうぎょう》二人《ににん》の旅でした。一心同体の追憶、そして再会の旅でした。寂しい、悲しいトレッキングの一人旅が、生き残ったものの再生の旅へと、なだらかに昇華していく。そのプロセスが、懐かしく、しみじみと浮かび上がってきます。

振《ふ》り放《さ》けて三日月見れば一目見し
人の眉《まよび》引き思ほゆるかも

――『万葉集』大伴家持

長い、遠い旅の空で、三日月を見上げるたびに、かつて見た愛する人の、美しい眉を想い出していました。

亡き人への、一途の思いの相聞歌、ですね。

横浜沖・特別合同葬

平成29（2017）年、母を送る

ハワイ、ニュージーランドにも続く海へ

田中靖己・純子

このたびは、母の意思により、熊谷から楽に行ける横浜沖での散骨を決めました。一緒に話していたことが現実となり、お墓の納骨と違って、粉骨の段階も初めてのことで、小麦粉のようになった母の骨が重く、当日までは本当にこれで良いのか、心痛みました。ですが、残された家族に迷惑を絶対掛けたくない、身の回りをきちんと整理して、そんなに急ぐこともなかったのに苦しさに耐えられずに延命したくなかった母の強い意思を尊重して、愛していたハワイやニュージーランドにも続く海へ、自然に還す散骨は、「なるべく早くに…」とエンディングノートに記されていたので、今年最後の12月の特別合同葬に参加しました。

当日は、45分早く到着するはずが途中電車事故により遅れ、焦りとパニックで立会人さんを走らせたり、先に到着していた主人とラインでのやりとりで何とか1分前に船着場へ。係の皆さまが大丈夫ですよ、と迎えてくださって、途中諦めかけていたので、母を抱えて泣きそうでした。

船は想像より小さくて船酔いが心配になったけれど、気持ちが高ぶっていたので大丈夫。また、周りにタンカーなどがいる場所で、岸が近くに見えるので、本当はもっと太平洋に出たかった。2番目のグループだったが、あれよあれよと心の落ち着く準備ができる前に、揺れている船上で、5袋に分けた粉骨を落とさないように3人で分けて持ち、バラの花びらと

ともに、海へ、投げる、投げなければならない、それが捨てたような感覚が残り、もっとそっと海へ流すようなイメージだったのでつらかった。音楽は流れていたのが聞こえなかった。自分で母の好きな曲を流しながら…と考えていたのに、余裕なく少し事務的にサッと済まされた感はあるけれど、あまり悲しみの感情に押しつぶされることなく、良かったのかもしれない。

その場をひと回り、汽笛を3回鳴らされたが、もう少し漂っていたかったけれど、船酔いの人にはキツかったでしょう。帰りは行きの風景とは違い、横浜港のガイド案内されながら、気分転換になり良かった。係の皆さまはとても優しくありがたかった。全体的には、もう少し悲しみの折の余韻の時間が欲しかったけれど、1時間では無理なのでしょう。

周り近くにタンカーなどない、太平洋が望める場所があるのなら…でも母は、私たちのために近くを選んだので満足です。「帰りは、おいしい食事をして帰るように…」とまでエンディングノートに書いてあった。ほっとしてニュージーランドの家に帰ることができました。

山折哲雄の詞書

戦争が終わるころまでは、この日本列島に住む人々にとって、「海外」という舞台は、琉球諸島から南太平洋、そしてインド、それらのはるかかなたの大海原でした。そしてインド最南端のフダラク浄土あたりまで。それが戦後になって一変しました。ハワイ、ニュージーランドと、太平洋全域に広がりを見せ始めます。

故人のいのちが、黒潮などさまざまな環流にのって、地球という大自然を巡り、呼べば答える、そんな近さ、親しさの空間の中で循環し再生するイメージが共有されるようになった。

故人の強い願いを尊重して、あらかじめ周到な準備を重ねたにもかかわらず、当日にはいろいろ思うに任せないことが起こりました。

散骨までの時間をどう調整し、悲しみの感情に浸る時間をどう過ごすか、いろいろ考えなければならないことが残されました。海上自然葬の場合の難しさ、ですね。あらためて考えなければならない重要課題であると思った次第です。

晴れた空　そよぐ風
港出船の　ドラの音《ね》愉《たの》し
別れテープを　笑顔で切れば
希望《のぞみ》はてない　遥かな潮路
あゝ　憧れの　ハワイ航路

――「憧れのハワイ航路」（作詞・石本美由起／歌・岡晴夫）

あづみ野再生の森・個人葬

平成24（2012）年、父を送る

「葬送の自由」を実感した3日間

那須川はるみ

一昨年5月の父に続いて、昨年7月母を亡くした。二人とも戒名なし。父は一般的な、母は徹底した家族葬で見送った。そして昨年10月末、会員であった父を自然葬に、母は自身で「悠」と刻んだ墓に納骨した。

父の遺骨は、実家の居間で私と弟、娘の3人で粉にした。思ったよりも大変な作業で、時間もかかった。金づちでたたき、ふるいに掛け、すり鉢を使ってパウダー状にした。サラサラで真っ白な遺灰はただただ美しかった。娘の結婚式でテーブルクロスにした布で袋をつくって収めた。父との思い出話をしながらのこの時間は、とてもいい時間だった。

翌日の安曇野《あづみの》での自然葬は心晴れやかなものだった。まだ歩けないひ孫は背負われて、家族全員10人で山に登った。全員が自然葬に賛成していたわけではないが、一緒に遺灰をまいてくれた。

一人の人間がこの世に生を受け、それを全うし、自然に還っていく。木立の中にパーッとまいた遺灰は解き放たれたという感じで清々しかった。花もなく、音楽もなく、あるのは美しい紅葉、鳥のさえずりと羽音だけ。あるがままの自然の中に父は還っていった。

「ありがとな……」という笑顔の父が見えた。平和、平等、自由を求めた父は今、風となって、雪の結晶となって、自由に舞っているだろう。「じいちゃんを思って、安曇野にお蕎麦を食べに来るのもいいね」。娘の言葉がうれしかった。
翌日、母の遺骨を納骨し、それぞれが望んだ葬送を終えた。「葬送の自由」を実感した3日間だった。

山折哲雄の詞書

祖父と祖母を失った家族10人。祖父の遺灰は山を登って再生の森へ、祖母の遺骨は個人のお墓へ。葬儀、儀式は一切の形式を離れ、それぞれの意思を尊重。家族だけの見送りと旅立ちになりました。粉骨するのも良し、納骨するのも自由、それが爽やかな合意のもとに形成され、時代の風が吹き、個々人の自然体の姿がくっきり浮かび上がりました。

「花もなく、音楽もなく、あるのは美しい紅葉、鳥のさえずりと羽音だけ」とありましたが、それで思い起こしたのが天平時代の行基《ぎょうき》菩薩。魂の看取りだけではない、民衆のための社会事業に献身した僧侶でした。

山鳥のほろほろと鳴く声聞けば
父かとぞ思ふ母かとぞ思ふ

――『玉葉和歌集』

父と母への尽きることのない慕情が、ほろほろと鳴き続ける山鳥の鳴き声を通して、切々とうたわれている。それがお骨を粉にするときにも、しみじみ聞こえてきたのではないかと想像しています。ふと、口元によみがえります。

土に還る
山に還る
自然に還る

小樽沖・特別合同葬　平成26(2014)年、夫を送る

自然は厳しく、現実は辛く

堀田かや乃

当日、予定されていた観光船は諸事情により使えず、荒波の中、小型プレジャーボートにて出航。沖までの30分あまり、予想を超える揺れに船酔いする遺族続出で、船内は散々なありさまだった。ようやく散灰地点に到達するも、揺れる船からとにかく落ちないように必死で、感傷に浸るムードはなし。白い灰が花弁と共に流れていくのをイメージしていたが、現実はあっけないものであった。

出航の際に支部長より、「事故が起きた場合、全国の会員に関わる事態となる」とのお話があり緊張して乗船したので、何とか港までは吐き気にも耐え無事に戻ることができた。地上に上がりやっと、責任を果たした安堵《あんど》とともにさまざまな思いがこみ上げてきた。

思えば花や草木を愛した故人は、本来山への散灰を希望していた。しかし、この広大な北海道の地にすら、樹木葬の場はないという。

私自身は0葬《ゼロ》も厭《いと》わないが、家族は決別のセレモニーとして何らかの形を取りたいとの事。それならば、少しでも負担の少ないものを選びたい。

今回参加した娘の様子を見る限り、自分の時にもあれだけの負担を強いるのは避けたいと思った。もっと、大きい観光船を使うか、一案として、樹木葬も再検討していただけたら協力したいと思う。

ともあれ、付き添いの皆さまのおかげで、故人を自然に還すことができた。予想よりも厳しい船出であったが、清々しい２０１４年、夏の思い出となった。

山折哲雄の詞書

さぞかし、胸つぶれる思いだったでしょう。自然は慈母のような優しい顔を見せることもあれば、厳父のごとき恐ろしい素顔を見せることもある。感傷に浸る間もないほどの海の荒れ模様、それでも無事に大事な見送りを済ませた後の安堵感に胸をなで下ろしました。

広大な土地のひろがる北海道ですら、樹木葬はまだままならないとのご指摘には驚きました。おっしゃる通り、船はもっと大型に、海の散骨もいいけれど山の方ももっと、会がさらに取り組むべき課題かもしれません。

ご自身は０《ゼロ》葬もいとわない、と。前会長の島田裕巳さんの問題提起でもありましたが、これから会も考えていっていいテーマかもしれませんね。

私は会の創立以来「三無主義、一握り散骨」を言ってきましたが、あれから30年、これからもいろんな発想やお考えがあってもいいなと感じているのです。

白樺《しらかば》　青空　南風
こぶし咲く　あの丘北国の
ああ北国の春

―「北国の春」（作詞・いではく／作曲・遠藤実／歌・千昌夫）

関門海峡・個人葬　平成24（2012）年、母を送る

母は亡き姉と兄のもとに

杉野喜久

四十九日にあたる3月25日の日曜日、晴天ではありましたが、風が強く波が少し高くて、船が出せるか心配でした。しかし、どうにか予定通り11時に門司港を出発して20分、実家のある彦島を背にして巌流島を右手に、正面には関門橋が見えるポイントで、母の好きだった曲を流しながら母を海に還すことができました。

母の願いである「散骨」については、子供たちの意見が分かれ、一人一人がそれぞれに悩みましたが、今は母の願い通り「散骨」をしたことに悔いはありませんし、狭い骨壺の中より自然の中に眠る方が母らしいと思っています。

母は娘と息子を海で亡くしており、生前「死んだら遺灰は海に撒《ま》いてほしい」と言い続けていました。姉は「きっと、寂しがっている娘と息子のもとに行ってあげたいのよ」と通夜の夜に言いました。母には、生きている子供たち全員が、精いっぱいの愛情を注いでもらいましたので、今度は亡き姉と兄が愛情をもらう番だと思います。

山折哲雄の詞書

海は、太古から母の海でした。その海で最愛の息子と娘を失っていた、最後はそこへ帰りたい、その渇くような思い。その親子再会の時が今、やって来た。

「遺灰を海に撒いてほしい」

私も以前、船で巌流島に渡ったことがありました。下関の港から約10分、目と鼻の先に、関門橋がみえていた。

船の往来と人々の交流のにぎやかな海峡であれば、また死者と生者を結び付ける。島と島をつなぐ異国の船も通る。この世とあの世をつなぐ語らいの場であるかのように……。

ほのぼのとあかしの浦の朝霧に
島隠れゆく舟をしぞ思ふ

――『古今和歌集』読み人知らず

この歌の舞台は瀬戸内の明石の浦、そこに立ち込める朝霧の中を島隠れに漕ぎゆく舟、その光景をしみじみ思い描いている作者の顔が、浮かびます。

そしてそこには、明るい風が吹いている。

観音崎沖・個人葬　平成25（2013）年、妻を送る

般若心経を朗読して妻を送る

滝澤林三

妻利子《よしこ》はアルツハイマー型認知症で10年以上の介護を受けていて、最後は特別養護老人ホームに入所していましたが、人間としての誇りと優しさは堅持していました。しかし、症状が少しずつ進行し、昨年8月に心臓の不整脈の一種、心房細動でつくられた血栓が大脳の動脈をふさいで脳梗塞を起こし、数日後には昏睡《こんすい》状態となって12月21日午後10時30分に還らぬ人となりました。

私と妻は昭和29（1954）年3月に23歳同士で職場結婚。私は昭和27（1952）年のメーデー事件で早稲田大学学生デモ隊約1000人の副指揮者として検挙され、結婚当時は保釈出所中の身でした。以来59年間、途中メーデー事件裁判は18年の長期裁判の後、騒擾《そうじょう》罪不成立・無罪となりました。しかし、順調でない生活の起伏、妻と2人、手を携え胸を張って生きてきました。その妻を失ったことは片手を失ったような思いです。

当日は午後3時出発、天気快晴、前日までのやや強い風は嘘のようにそよ風に変わり、さざ波の波頭に夕方の斜光が当たり、さながら金波銀波の黄金の海を行くようでした。妻を思う私たちの心が天に通じたのでしょうか。私は仏教徒とは言い切れません。しかし般若心経の経典を取り出して散骨の前に海原に向かって大声で朗読しました。続いて妻も好きであった歌謡曲「別れ船」をあの世の妻の耳に届けとばかり歌いました。名残りつきない　果てし

ない　別れ出船の銅鑼《かね》が鳴る……。
水に溶ける紙に包んだ妻の骨の粉が8人の手で海に落とされ散ってゆく。続いて草花の花弁が海面に広がり、妻の面影を包む……。

山折哲雄の詞書

激動の時代でした。あれから半世紀、思いもかけない高齢社会がやって来ていた。生と死のかたちがすっかり変化していました。ちょうどメーデー事件の直前のころだったと思います。伊藤大輔監督の『王将』という映画がありました。大阪の将棋指し坂田三吉の物語ですが、最後の場面で上京し、関根名人と面会する場面が出てきます。坂田三吉を演じたのが坂東妻三郎でした。その席に、突然、大阪の娘から緊急の電話が入ります。女房の小春が今臨終を迎えようとしていると。とっさに坂妻が言う、「そちらの受話器をお母さんの耳元に近づけよ」。

そう言ってから「南無妙法蓮華経」を唱え始めるんですね。低く、高く、太く、細く、それがいつまでも続いていく。10回、20回と続いていく。どのくらい続いたのでしょう。50回は超えていたのではないでしょうか。すると最後の場面で、病床に横たわる小春の顔が大映しになる。そしてその瞳がしずかに開く。かすかな笑みを浮かべて……。

観音崎の海に向かって唱えられた「般若心経」の声も、必ずや見送る人たちの心に届いたのではないでしょうか。

名残りつきない　果てしない
別れ出船の　銅鑼《かね》が鳴る

――「別れ船」（作詞・清水みのる）

横浜沖・個人葬　平成24（2012）年、母を送る

母の想い、生きざま、匂いを思うだけで充分

大竹みどり

8月25日、永井船長のサンタバルカ号（聖なる小舟）に乗って横浜港を出港し、亡き母の散骨は無事に行われました。

私たち長女家族と同居を始めて1年後の平成22（2010）年夏、母は体調を崩して大学病院に緊急入院となり、医師から母の余命が半年であることを言い渡されました。胆管癌でした。

昭和8年12月4日台湾で生まれて、以後の人生には多くの想い出があるはずでした。これからの半年も弱者で終わることなく母らしく自然体で生活できるように、何より母の意思が尊重できる環境であるように、を目標として、退院後は東京・墨田区の医療法人社団パリアン（川越厚医師）在宅ホスピスのお世話になりました。

看護師さんが週に2回、担当の先生が週に1回、その他お薬を届けてくださる薬剤師さん、理学療法士さんと急に家の中がにぎやかになりました。この方たちのおかげで、母は毎日お友達と外出し、また私やおば（母の妹）とあっちのフレンチこっちのお寿司と、やりたい放題食べたい放題の日々でした。12月4日の77歳のお誕生日には大好物の食事とバースデーケーキで家族と祝い、翌朝倒れてから5日後の12月9日、私の腕の中で逝きました。

生前母は海への散骨を希望していることを私に話していました。アメリカ国籍を取得した

妹（次女）のこと、大好きな台湾のこと、そして何より子、孫その後の世代が「お墓を守ること」が難しくなっていくこと（子供も孫も女ばかり）、「墓守り」が縛りになってはいけないこと、ただし皆が自分の命のルーツをきちんと知り、大切にできるように先人のことを語り継いでほしいこと、を伝えていました。

母のお骨が海へ沈んでいく瞬間は想像以上に美しく、まるで映画を見ているようでした。私は海を見ながらこう思っていました。母がこの世に生を受けたという奇跡、母の娘でいられたという奇跡、この奇跡を誰に感謝しよう。

そして今は確信を持ってこう思います。今は亡き母の想い、生きざまを私が知っていること。母の匂いや声さえもいつでもどこでも感じられること。このことだけで私には充分だということ。そして私も娘に残したいものはこれだけだと分かりました。母の歌から。

さきがけて　世に仕えたる先達の
たしかな足跡　ももとせの音
（昭和56年、勅題「音」に）

にぎやかな、海への旅立ちでした。台湾とアメリカをつないで。あと半年の余命、そんな中、お寿司、フレンチ、バースデーケーキをたっぷり楽しんで、人生のシテを見事に演じて…。在宅ホスピスから散骨へ。まるで絵に描いたような、映画を見るようなお別れでした。モダンで、洒落《しゃれ》ていて、サンタバルカ号の船長さんの操船で、黒潮にのり、太平洋航路で、アメリカまで行って、また横浜に戻ってくるよ。

母上の思い出と生前の匂いが空いっぱいに広がっていきました。

そんな楽しい語らいの向こうから、こんな歌の調べが……。

我は湖《うみ》の子　放浪《さすらい》の
旅にしあれば　しみじみと
昇る狭霧や　さざなみの
滋賀の都よ　いざさらば
松は緑に　砂白き
雄松が里の　乙女子は
赤い椿の　森蔭に
はかない恋に　泣くとかや

――「琵琶湖周航の歌」（作詞・小口太郎）

ちょっぴり寂しく、でも美しい、あの白砂青松のイメージがよみがえります。

仙台湾・個人葬

平成29（２０１７）年、妻を送る

世を去りし　母なる大海の　ひとり旅　望み叶えし　惜別の波

佐々木勉

去る6月24日、わが連れ合い、邦子の遺灰は家族と親友の見送りを受けながら船縁《ふなべり》を離れ、仙台湾沖の波間に消えていった。お伴してきた花々は名残惜しく海面に浮かびながら視界から遠くへと去っていった。小魚たちの群れは、いつもと変らぬ日常世界に溶け込む邦子の遺灰を受け入れ、戯れていた。

連れ合い、邦子が他界したのが平成28（２０１６）年9月20日のこと。残された自分は故人の遺志である「自然葬」を無事に終えるまでの日々、さまざまなことを考えさせられた。彼女がこの世に命を授かっての67年間を、どのように凝縮し葬るべきか、考えずにはいられなかった。

しかも本人（故人）の遺志を尊重し、これまでのさまざまな社会生活における慣行・慣習を捨て、「自然葬」（＝自然界に戻す）を行うことは、脳裏の片隅のどこかに引っ掛かった。これまで幾度となく家族で話し合っていたが、落ち着かなかったことから改めて家族で話し合うことにした。

極めて当たり前だが、わが家族は真剣に意見を交わした。そこで①葬儀は故人の遺志を尊重しながら残されたものの意志と責任によって執り行うこと。さらに②現在の葬送の儀には慣行・慣習を含めさまざまな考えがあることを理解しつつ、死者を敬愛の念で弔うことにあること。それらを整理した上で、③今回（合わせて今後）の葬儀を行うに際し、「海での自然葬」を家族の総意で行うこと―とした。子たちは理解を示し、「海での自然葬」を実施する運びとなった。思い悩んでいた懸念材料も瞬時に払拭《ふっしょく》し解決した。

このような経過を経て執り行われた連れ合い、邦子の葬儀は、法律に従い荼毘《だび》（火葬の儀）に付して弔い、家族葬とした。さらに故人がいただいた多くのお付き合いに感謝する意味で、友人とお別れする機会を設けるため、ささやかながら「感謝とお別れの会」を催した。また遺骨は故人の遺志を尊重し自然界に戻すことにした。それが今回の「海での自然葬」となった。

遺灰を大海原に戻し、たくさんの花びらが海面に浮かび散り去っていくのを追っていく己の眼《まなこ》が、いつまでも行く先を見つめ離れずにいるのを知ったとき、葬送の儀が滞りなく終えたことに気付いた。

故佐佐木邦子よ。いつの日かまた大海原で再会しようね。それまでは、ひとり旅を続けておくれ！　いずれその日までさようなら。

邦の代も　宇宙の星と　輝かん
世を浄めんと　ひとり旅立つ
合掌

山折哲雄の詞書

冒頭と最後に、二首の和歌が添えてある。まさに胸迫る惜別の挽歌。「世を浄めんとひとり旅立つ」に、目を引き付けられる。

葬送の手立てについて、家族が真剣に語り合った様子が、勤直な筆遣いを通して伝わってくる。

故人の心情を受け止める、死者に対する敬愛の念と知人たちへの配慮、その温かい、冷静な配慮。そして家族全員が合意する、そこに至る過程が、誠に清々しい。

大海原に回帰する遺灰は、どこに漂い、いずこに流れていくのだろうか。「ひとり旅」を続けていく、忘れ難い面影と再会するのは、いつの日か。

ふと、南海のかなたを思う。例えば沖縄の美しい珊瑚礁、その波間に浮かぶ真っ赤な花びらが目に痛い。

赤い蘇鉄《そてつ》の　実もうれる頃
加那《かな》も年頃　加那も年頃
大島育ち

朝は北風《にし》　夜《よ》は南風《みなみ》
沖の立神《たちかみ》や　沖の立神や
また片瀬波

――「島育ち」（作詞・有川邦彦／歌・田端義夫）

観音崎沖・特別合同葬

平成24（2012）年、夫を送る

多くの人が実感してほしい感動的な葬送

金丸昌子

主人は十数年前の元気なころから、墓はつくらず死後は海への散骨を強く望んでおりました。そして6年前、難病との闘いが始まり、長期入院中、病床から「葬送の自由をすすめる会」の事務所に行って資料を頂いて来るように言われました。でも私の心の中では、主人の死は考えたくないという葛藤があり避けておりました。再三言われ文京区の事務所（当時）を探しながら訪問し、資料を頂いて病室に戻ったのが始まりでした。病院が自宅より遠方だったため、ほとんど病院に寝泊まりしており、めったに自宅には戻らずの生活でした。

9月22日は、生涯心に深く残る日となりました。数日前より天候に一喜一憂しながら当日を迎え、三笠公園から観音崎沖に出航、主人の長年の夢がかなう時が来ました。ドラの合図とともに、主人の散骨ができました。花びらは花筏《はないかだ》となって散骨を祝ってくれているようでした。涙が止まらず、初めて経験する私は、なんと素晴らしい葬送だろうと感無量でした。息子は「お墓はそこに行かないとお墓参りができないけれど、海ならどこの海からでもお参りできるからね」と教えてくれました。主人の好物のビール、コーヒーも波間に消えてゆきました。

今ごろはどのあたりを泳いでいるのでしょう。いつの日か私もそばに行きます。待っていてください。形式にとらわれない心打たれる感動的な葬送は、もっともっと多くの人にぜひとも実感してほしいものです。

山折哲雄の詞書

覚悟の上の海への散骨、それに逆らう家族の葛藤、病院での長い闘病、さぞかし心労の多い、つらい時間だったことでしょう。
けれども、それが一転、三笠公園から観音崎へ、ドラの音とともに葬送の花びらが流され、波間に消えていく。

海よ
汝は、無限に広がるいのちの墓名碑
去り行く者たちの忘れがたい記念のいしぶみ　花筏の列

川は流れて　どこどこ行くの
人も流れて　どこどこ行くの
そんな流れが　つくころには
花として　花として　咲かせてあげたい
泣きなさい　笑いなさい
いつの日か　いつの日か　花をさかそうよ

――「花」（作詞作曲・喜納昌吉）

ご主人の魂も遠く南海の透明な岸辺をめぐり、あの懐かしい沖縄の珊瑚礁を渡って旅を続けていくことでしょう、花の精になって……。

横浜沖・個人葬

平成29（2017）年、母を送る

人に迷惑掛けたくないと母逝く

石井峻

7月15日（土）、突き抜けるような青空のもと、子、孫、ひ孫らに見送られて98歳の母は横浜沖の海へ花とともに消えていきました。式は船長や「葬送の自由をすすめる会」の運営の方、ボランティアの立ち会いの方が進行してくださり、すてきに美しく、つつがなく終了しました。

母は定年まで教員として働き、老後はゆうゆうの里（有料老人ホーム）に入居し、リビングウィルに登録し、公正証書で遺言を書き、「葬送の自由をすすめる会」に入るなど精神的に自立した人でした。

どうやって人に迷惑を掛けないで最期を迎えるか、いつも考えていたようです。私たちもそれに寄り添って母を送ることができました。

葬送から1カ月、何度か横浜のベイブリッジを渡る機会がありましたが、橋上からは散骨のコース全景が見渡せ、感慨深いものがありました。家族としては戸惑いもありましたが、今は母に合った葬送であった、これで良かったと心から思います。

山折哲雄の詞書

横浜港からの、くっきり目に焼き付けられるような海上葬でした。横浜のベイブリッジから見た、散骨コースの全体像が浮かびます。それを見渡したとき、母上の人生がそっくりそのまま眼前にあらわれてきた。よき生を全うした人にこそ、よき死が訪れる。誠に、それを絵に描きだすような美しい旅立ちではなかったでしょうか。

人に迷惑を掛けたくない。この日本的憲法の第一条が、ここでも鮮やかによみがえってきました。その思いやりの深さ、優しさが、その倫理的緊張感とともに胸に迫ってきます。

願はくは花の下にて春死なむ
そのきさらぎの望月のころ
――西行『山家集』

西行は山中で最後を迎えましたが、もし今生きていれば「海の上にて　われ逝かん」と口ずさんでいたかもしれません。

観音崎沖・個人葬　平成27（2015）年、父を送る

戦友との巡り逢いに旅立つ

小倉真理

1月2日の誕生日当日に95歳で亡くなった父の散骨の前日、「台風の影響で明日船が出るかどうか分からない」と姉から連絡がありました。「お父さんはまだ行きたくないのかな」と話していたら、当日は多少風があったものの海がキラキラ輝いて、とてもお天気が良く、気持ちの良い日になりました。

父は55歳で仕事を辞め永平寺に修行に行くと出家をしました。その後、お寺をお願いできないかと声を掛けられても「戦友の供養のために僧侶になったのだから」と言い、毎年一回ラバウルに10年以上も供養に行っておりました。いつごろだったか「自分が死んだら、この紙に包み海に散骨してくれ。戦友と同じ海に還る」と般若心経を書いた和紙を渡され、お墓には入らないと申しておりました。海洋葬のイメージが湧かず、どうしてなんだろうとずっと思っておりました。

父の希望だった般若心経を書いた和紙に粉骨を入れ、お酒、庭に咲いていたお花とともに海に還したときにやっと、戦友と巡り逢えたことを喜んでいる父の顔が浮かんできて、少しですが父の気持ちが理解できた気がしました。ただ残念なのは、今年のお盆までには散骨を済まそうかと言っていた兄がいなかったことです。兄は今年の8月に67歳で突然亡くなり、父の散骨には参加できませんでした。今ごろ「おまえ何でこんなところに来たんだ、まだ早

いぞ！」と言われているのではないか、あるいは仲良く二人でお酒でも飲んでいるのではないかと思います。

母も父と同じく海洋葬が希望なので、「母のときは合同葬もいいわね」と姉と話しながら船を下りました。とてもすてきな海洋葬でした。

山折哲雄の詞書

95歳のご長寿に恵まれ、その最後の海洋葬でした。けれどもその背景には、戦争の傷跡が色濃くにじんでいました。55歳で仕事を退き、道元が創立した永平寺で出家、僧侶の道を進む。よほどの覚悟だったに違いありません。その上、寺の住職にと勧められても断って、毎年のように1回、海のかなたのラバウル、10年以上にもわたって供養の旅を続ける。戦友たちのもとへ…。

ラバウルは、南太平洋における激戦地でした。本土から直線距離でおよそ4600キロ、忘れることのできない戦跡を訪れて、戦友たちの魂に出会いたい、その思いが海洋散骨葬への願いに結晶したのでしょう。職を退かれてからの、40年という長い歳月の重さを想わずにはいられません。死者を思い続ける熱い真情が、わが胸の内にせり上がってくるのを覚えます。「般若心経」を唱える声が、高く、低く、聞こえてきます。

さらばラバウルよ　また来るまでは
しばし別れの　涙がにじむ
恋しなつかし　あの島見れば
椰子の葉かげに　十字星

——「ラバウル小唄」（作詞・若杉雄三郎）

羽田沖・特別合同葬

平成30（2018）年、妻を送る

良かったァ！ 愛すればこそ自然葬

久保木賢一

寒冷前線の影響で浦安沖を断念して、頭上をジェット機が離着陸する比較的穏やかな羽田沖を船長は選んでくれました。

妻の故久保木悦子は52歳で発心し、54歳で入会しました。元来心配性でしたが、死後の「かたち」が決まって24年あまり。安心性（？）に生まれ変わり、この数年は「良かったァ」が口癖の日々を過ごしてまいりました。

散骨の儀は、経験者の皆さんのおっしゃる通り厳かに行われました。想い起こせば平成2（1990）年、錦繍《きんしゅう》の多摩川源流近くへ旅をして涵養林の美しさに感動して帰宅後、東京新聞の記事に安田睦彦元会長の『再生の森構想』を拝読して、熱烈賛成の手紙を差し上げました。折り返し平成3（1991）年飯田橋で『葬送の自由をすすめる会』を立ち上げる旨のご案内があり、友人を誘って入会しました。

安田睦彦著『墓なんかいらない―愛すればこそ自然葬―』に米菓製造業（56歳）として紹介されました。当時店舗を開いておりましたので、POP広告よろしく自然葬の手づくりポスターで案内をしていました。当初妻は「気持ちよく思わない人に反感を持たれるから」と反対していましたが、間もなく積極的に説明をしていました。

多様な意見を頂きまして、意外と理解者の多いのに自信を深めました。しかし、身辺のしがらみや因習から脱し切れず前に進めない人も少なくありません。この呪縛から解放されるのも時間…年数の問題でしょう。

私たちは散骨屋ではありません。この道の先駆者です。誇りを持って進んでまいりましょう。クルーザーは追い風に乗って波止場に戻ります。航跡の白い波間から「良かったァ！」と幸せに満ちた声が聞こえたと信じています。

山折哲雄の詞書

会の存在を知って「発心」、以後24年、その「安心性」を信頼し「生まれ変わった」気持ちそのまま、羽田沖から旅立たれた。「良かったァ」の口癖の声を残して……。

安田睦彦初代会長の「再生の森構想」（東京新聞）を読まれ、熱烈賛成された手紙を書かれた。会が創立されてから30余年、その歴史を凝縮されたような言葉で語っていただいた気がします。

死の「かたち」をどうするか、どのような「かたち」で見送るか、まさに人生の一大事ですが、それにしても「自然葬の手づくりポスター」。その一筋の思いには、本当に感服いたしました。

あかあかと
一本の道とほりたり
たまきはる
我が命《いのち》なりけり

――斎藤茂吉『あらたま』

仙台沖・特別合同葬

自然葬 写真で追憶

平成26（2014）年、両親と弟を送る

藤原正裕

平成26（2014）年7月19日、仙台沖で無事に散骨を終えました。

私は葬儀を済ませた両親と弟のお骨を田舎の納骨堂から引き上げて、散骨をしました。4年前に亡くなった母の葬儀のあり方に納得できないものがあり、改めて自然葬を選択したわけですが、心から送ることができたような気がしてほっとしています。また、お寺にお骨を預けておく方が良いのではないかという考えが、心の片隅には相変わらず残っていましたが、思い切って散骨を実施してみた今は、わずかなこだわりもすっかりなくなり、吹っ切れたような気持ちになっています。

伝統的に葬儀を行い、お寺で供養をする方法には、地域社会の繫《つな》がりを大切にする意味合いがあり、このことを通して親族や知人の和が継続される間は、供養とは別の意義がありまず。今日は、地方の活力が失われ、高齢化が進み、親族が分散化している時代ですので、意味合いが薄れ、形式を踏襲するための負担だけが残っているように思います。

その点で、自然葬は、私のように地方から出て来て都会で長く生活をしている人には、適している考え方です。ただ、私の場合は、それだけで済ますのは、何か足りないように感じ、自分なりの供養の形式を取っています。

業者に作ってもらった籐材の家具を祭壇にして居間に置き、いつも眺めることができるようにしているのです。そこに、私の生まれたばかりの２人の孫の写真と一緒に、故人が最も輝いていた時代の写真を飾ったり、大事にしていた品を収納して、気持ちを落ち着けています。

お骨は、いずれ長い時間がたつと、親族からもすっかり忘れられ、どのような処分をされるのか、想像するだけで、たまらなくなるものがあります。そのことからも、自分の手でしっかりと自然に還すという行為は、本来、家族としての義務なのであろうと感じています。

水溶紙に入れた粉骨が海に落とされてしばらくすると、下の方で白く広がっていく様子は、まさしく自然に還っていったんだなあ、ということが実感でき、本当に良かったと思っています。

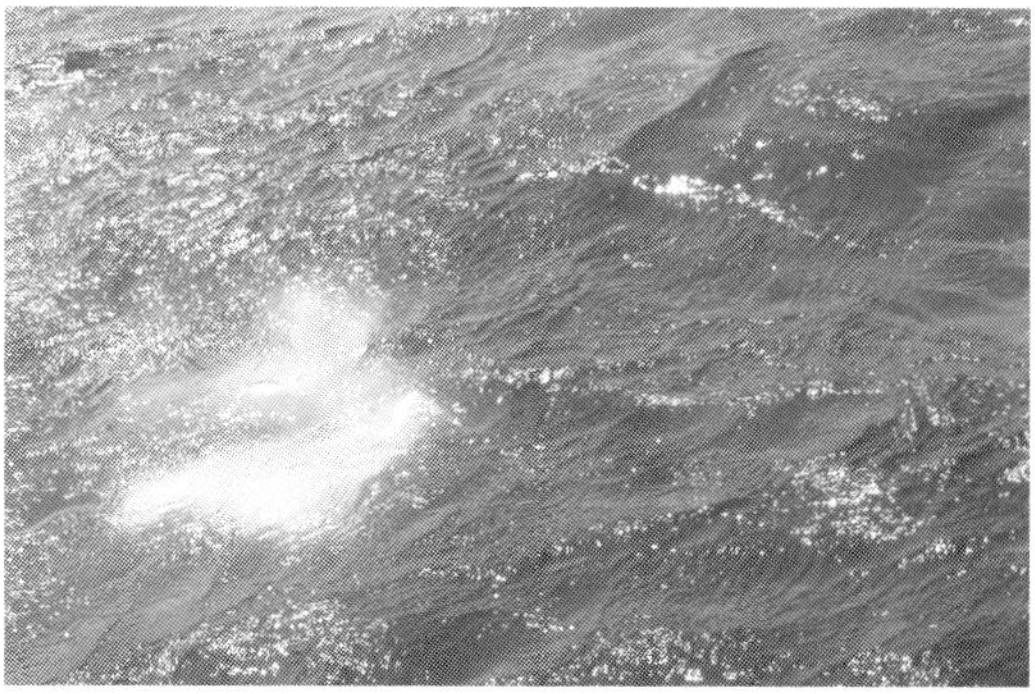

まるで戦後日本の、家族の変容、地域社会の移り変わり、そして都市化、高齢化のプロセスを、絵に描いたように映しだすお話でした。

田舎の菩提寺で葬儀をし、納骨したことがどうしても心に引っ掛かり、都会に出てから、ご遺骨を引き上げて、自然葬に。それで気持ちがすっきりしたという方は、次第に多くなっているのでは、そんな想像も浮かんできました。

もっとも、伝統的な葬儀には、おっしゃる通り地域の結び付きという大切な役割がありましたが、その絆というかつながりが次第に希薄化して、人の死生観までが変容し始めていた。

そんな中、ごく自然な形で供養の仕方に工夫され、独自に祭壇を設けられる。そこに家族ゆかりの遺品や写真を安置する、それで気持ちを安定させる。写真葬というか、写真供養といってもいいような形も生まれてきました。

ふと江戸時代の俳諧師、小林一茶の心情を思いました。江戸に出て俳句の師匠として暮らしを立てようとしましたが、よほど長い放浪の旅の中にあったためでしょう。やがて雪深い信州の田舎に帰って、こんな句をつくっています。

是がまあつひの栖《すみか》か雪五尺

彼が今日なお生きていたら、「雪五尺」の替わりに、「山や海への散骨を」とつぶやいていたかもしれません。

観音崎沖・個人葬

亡き妻の遺骨を観音崎の海に託す

平成27（2015）年、妻を送る

佐藤直之

平成27（２０１５）年6月某日、九州地方をはじめ関東地方北部でも豪雨の続いた梅雨の真っただ中、折よくその合間の晴れ上がった日、亡き妻の散骨を観音崎沖で実施した。

立ち会いの方は私たちより先に現場に来ておられた。私たちが乗船した船は、相当数の人がゆったり乗船できる遊覧船だった。乗客は私のほかに娘夫婦と孫娘の４人、立ち会いの方を含めて計５人。船は、かつて日露戦争で活躍したといわれる戦艦三笠が係留保存されているすぐ近くの岸壁につながれていて、私たちを待っていた。

出港予定の11時、船は東京湾口を目指して出航した。右に純白の灯台が立つ観音崎を見、左に房総半島を眺めたら湾内を行き交う大小の船舶や、かすかな波に見え隠れする小さなつり舟などの間を縫って進んだ。穏やかな海で散骨には申し分のない日和だった。

出航からおよそ30分、散骨場所に到着した。船は静かに円を描くように旋回を始め、散骨の合図の汽笛を鳴らした。私たちは水溶紙に包んだ遺骨を色とりどりの花びらと一緒に静かに波間に落としていった。遺骨は瞬く間に深い海原に沈んでいった。娘夫婦や、孫娘もそれぞれ別れの言葉を叫んでいた。私もひときわ高く「さようならー」と叫んでいた。

生まれて初めて体験する海への散骨。しかも生前長いこと苦楽を共にしてきた亡き妻の散骨だったので万感の思いはあったが、何のわだかまりもなく静かに永遠の別れをすることができた。観音崎沖という海原に妻の遺骨を託したのだが、自然葬への一歩を実践したんだという思いを感じたのでもあった。

船員の一人が珍しいと言って教えてくれたのだが、船が帰路に就くと間もなく、船のあとさきを4～5頭のイルカが浮きつ沈みつして追ってくるのが見えた。私は大人げなく「イルカも弔意を表してくれたか……」と思ってしまった。

散骨を終え帰路の船上で〝葬儀〟のことをあれやこれやとぼんやり考えていた。

私の生家は平塚市の郊外にあった。父、母が亡くなったときの模様などが頭をよぎった。菩提寺までの5～6㌔の道のりを〝チャンチャラボンボン〟とカネやタイコを鳴らしながら会葬者と一緒に歩いた記憶がある。今考えてみると異様な形での葬列だった。

時は動き、時代は変わる。葬儀も変わってゆく、ということを如実に実感した日でもあった。

山折哲雄の詞書

昔、先祖たちの葬儀は、野や山に送る「野辺送り」でした。それが戦後大きく変わり、ふるさとの「野辺」に死者を送る風習が絶えました。代わって登場したのが、海や山へ、故人の魂を直接自然に還したいという思いだったのではないでしょうか。家族中心の親密な語らいの中での、身近な「見送り」、静かな「旅立ち」の作法でした。

舞台に選ばれたのが海と山、とりわけ海への散骨が圧倒的な支持、人気を得てきているようです。なぜでしょうか。

理由はいろいろあるでしょうが、例えば、右に純白の灯台が見える観音崎、左に房総半島、湾内を行き交う大小の船や小さなつり船など、ロマンあふれる情景が展開しているからかもしれません。

加えて、その散骨する地点に、船がゆっくり進入し、静かな円を描いて旋回し、その合間に汽笛が鳴る……それに引き付けられるように、イルカたちまで追ってきたのでした。

松原遠く消ゆるところ
白帆《しらほ》の影は浮ぶ
干網《ほしあみ》浜《はま》に高くして
鴎《かもめ》は低く波に飛ぶ
見よ　昼の海　見よ　昼の海

――「海」文部省唱歌

横浜沖・個人葬

平成25（2013）年、夫を送る

海と山のあいだに自然葬

森永節子

これ以上ない良いお天気に恵まれまして主人の自然葬、無事に終えることができました。考えていました以上に厳かに取り行われて故人を偲《しの》びつつ、子供・孫そして曾孫友人に囲まれて、主人は旅立っていきました。

にぎやかに楽しく、おじいちゃんの行き先など語りつつも、汽笛の音には皆してシンミリと手を合わせ、心よりの祈りを捧《ささ》げました。主人もどんなにか、穏やかに旅立っていったことでしょう。海に帰ることが希望で常に口にしておりました。山男でして3千㍍級の山々にも随分登り、山が大好きな人でした。山の友人にも参加していただいて多くの思い出も話してくださいました。でも自分の帰る所は山ではなく海だと決めた理由は、先の戦争でした。パイロットであった主人は多くの戦友を失い、自分は生き残ってしまったとの罪の意識を持ち続けていたようでした。仲間の所へ帰りたい、行って70年ヌクヌクと過ごしたことを詫《わ》びたいと……。

願いをかなえられて、満足してくれているでしょう。その思いをお助けくださいまして、本当に感謝でございます。なお、当日には、立会人のお二人にも大変お世話になりました。散骨のこともキチンと仕上げてくださいました上に、私が少し足が弱くなっていてフラフラしましたので、乗船下船の折にはしっかり支えてくださり、大変心強く思いました。お仕事以外のことですのに充分にサポートしてくださいまして、うれしく存じました。お船の方にもそんな私に気を遣っていただき、申し訳ないことでした。

参加者全員、大満足で解散いたしました。感謝を込めて。

山折哲雄の詞書

故人は山が好きな、山男でした。けれども戦争中、パイロットだった多くの戦友を海で失った。その友たちへの愛、自分だけ生き残ったことへの罪障感、海に散った仲間たちに詫びたい…。

日本列島に住む人々には、大昔から「海と山のあいだ」の狭い土地に、肩を寄せ合うように暮らしてきた歴史がありました。だから「海と山のあいだ」は歌集のタイトルにもなり、多くの人々に親しまれた語らいの合い言葉になったのだと思います。

山に登れば　海が見える
沖に漕ぎ出ていけば　山が遠くにかすんで見える

海上散骨も山中散骨も、呼べば答える、豊かな自然の恵みに身をひたすこと、オレとオマエと呼び合う、こだまのようなもの……。

ここはお国を何百里《なんびゃくり》
離れて遠き満洲《まんしゅう》の
赤い夕日に照らされて
友は野末《のずえ》の石の下

――「戦友」（作詞・真下飛泉）

駿河湾・特別合同葬　平成27（2015）年、父を送る

大好きな伊豆半島へ旅立ち

高谷綾子

昭和ヒトケタ生まれの父、戸塚礼次は何事も「普通とちょっと違う」ことが好きでした。そんな父は元気なころから葬式仏教が大嫌いで、満足のいく葬送について考えていたようですが、自分の老いを自覚し始めたころ、会のことを知り入会したことを話してくれました。

当日は梅雨の晴れ間で、ちょうど良い天候に恵まれ、父の大好きな駿河湾へ出港。大海原で千尋の海に沈むのはちょっと怖いし寂しいなと思っていたのですが、かなたに興津《おきつ》の町を望む場所での散骨で安心しました。会いたかったら興津に行けば良いのですね。

余計な儀式もなく、さっぱりとお別れができ、形式ばったことが大嫌いな父も喜んでいたと思います。すっかり元気なころに戻り、楽しそうに大好きな伊豆の西海岸へ泳いでいく父の姿が見えるようでした。気持ちの良い別れができ、本当に感謝しております。ありがとうございました。

山折哲雄の詞書

昭和ヒトケタ、葬式仏教大嫌い。私もそうでした。この世代は、敗戦前はほぼ軍国少年時代を過ごし、敗戦後は民主主義少年の時を謳歌《おうか》しました。私もそうでした。私の場合はいずれも中途半端な形で、でしたが…。

お元気なころの父上の、大海原を泳いでいく姿を、船の上からはるかに見送る、そんなイメージがたまらなく懐かしい。ぜひともそのうち、駿河湾沖に出掛けてみたい、そんな気持ちになりました。

清水港の　名物は
お茶の香りと　男伊達《だて》
見たか聞いたか　あの啖呵《たんか》
粋な小政の　粋な小政の　旅すがた

――「旅姿三人男」（作詞・宮本旅人／歌・ディック・ミネ）

浦安沖・特別合同葬

ありがとう、さようなら

平成25（2013）年、夫を送る

山名勢津子

散骨前日は強い風が吹き荒れていたのが、当日集合地の越中島《えっちゅうじま》は風が収まり、晴天の穏やかな日になりました。船で東京湾を25分ほど進んだところで、海上散骨が行われました。

夫は若いころから「海へ撒《ま》いてくれ」と言っていました。63歳で無念な思いで逝った夫を思い、ディズニーランドが遠く見える場所で「ありがとう、さようなら」と言いながら遺灰を海に入れました。すぐに沈んでしまい、海に還れたことに安堵《あんど》。同時に寂しさが募ってきました。続いてお酒、花を海に入れました。黙祷《もくとう》後、花や花びらが集まって漂っているのが見えました。

「きっと遺灰も花と共に、海に漂っているのでしょう。広い、広い海でゆったりと流れに乗って、これから世界中を旅してね」と、心の中で語り掛けました。

船が散骨海上を周回し、弔笛が鳴るのを聞きながら、「希望通りに自然に還れて良かったね、満足でしょう」と感慨深く海や空、風を身近に感じた自然葬でした。

山折哲雄の詞書

浦安は今、隣の舞浜にディズニーランドができ、にぎやかな国際都市に変貌しました。それ以前は、山本周五郎の『青べか物語』で知られる寂しい漁村でした。
その新旧の記憶をとどめるこの海域からの散骨、故人の願い通り、ある晴れた日に、お酒と花びらとともに、旅立たれた。
東京湾奥の浦安沖を後に、ご遺灰は目と鼻の先の三浦半島沿いに、太平洋上へと流れていく。その突っ先は、あの城ヶ島。晴天に恵まれたそうですが、城ヶ島といえば、やはり北原白秋の詩が頭を横切ります。

雨はふるふる、城ヶ島の磯に、
利休鼠《りきゅうねずみ》の雨がふる。
雨は真珠か、夜明の霧か、
それともわたしの忍び泣き。

——「城ヶ島の雨」

東京湾に注ぐ川の流れは、流れ流れて、やがて英京ロンドンのテムズ川に流れ入ることでしょう。そのロンドンにもおそらく、ひそかに忍び泣く人々の、霧雨のような涙がふっていることでしょう。

山口県萩沖・個人葬

平成30（2018）年、母を送る

帰れなかった故郷 今還る

匿名希望

記録的な猛暑の夏、1世紀あまりの時を経て、母はふるさとの海へ還っていった。

母が歩いたであろう浜辺　遊んだであろう海に　こぎ出す
幼児を残し　苦労の末　逝ってしまったけれど
あの時の母さんが　ここまで繋《つな》がったのよ　と心の中で報告する
会うことのなかった　子の連れ合い　孫・ひ孫らを乗せて
生涯帰ることのできなかった故郷へ
今　みんなで来たよ！

母は12枚の白い花となって　色とりどりの花びらとともに紺碧の海に漂蕩《ひょうとう》
母が奏でたピアノ曲のBGMは波音にかき消されても
母の無念さは波間にはじけ……
真っ青な空と海
赤、白、青に黄色　たくさんの花びらがスローモーションになって母と皆を包む
「70年ぶりのふるさとの海だよ！　やっと帰って来れたね」

涙でなく笑顔で送ってあげたい
「さよなら～　また会いに来るよ」
やっと　やっとふるさとに還れた母は喜んでくれているだろうか。

山折哲雄の詞書

一篇の小説を読んでいるようでした。短歌のような、俳句のような…。「匿名希望」とあれば、なおさらでした。「万葉」時代以来、読み人知らずの挽歌が、どれほど多かったか、それを思います。

山口県萩沖がその忘れ難い舞台。何らかの事情で、70年前に、その懐かしいふるさとを離れなければならなかった母。その最期を見送るために、その海にやって来た。ついに会うことのなかった子の連れ合い、その孫、ひ孫と一緒に。

その母に対する慕情が、散華する12枚の花びらの上に移り、紺碧の大海原に漂っていく。それに重なるように、母の弾くピアノ曲の調べが流れていく。涙でなく、笑顔で送ってあげたい、その切なる思いが流れていく。ここは、やはり、啄木ですね。

東海の小島の磯の白砂に
われ泣きぬれて
蟹とたはむる
―石川啄木「一握の砂」

紀伊水道・個人葬

平成25（2013）年、妻を送る

太平洋から日本海へ 海往かん

石川義紀

4月14日は曇りでした。集合場所のJR和歌山駅からタクシーに分乗して乗船場所へ行き、総勢7人が船で和歌山港を紀伊水道へ向けて出たのが11時すぎでした。陸上では風はほとんど気にならなかったのですが、いざ出発してみるとまだ港内だというのに海上では風も波もあり、揺れもかなりのものでした。港の防波堤の外へ出ると、風と波は一段とひどくなり、何人かが船酔いとなりました。予定した散骨地点の少し手前で散骨することになったのです。

あらかじめ水溶紙に包んでおいた遺灰を海に入れたのですが、すぐに波に沈みました。用意した花も波間に沈み、程なく視界から消えました。故人がほんとうに海に還りたかったのだろうと思えるほど、急いで海に消えていったのです。

参葬した者が全員で黙祷《もくとう》し、立会人の吉田さんが故人の自然葬を紀伊水道で行ったことを皆に告げて無事に終了しました。遺灰を沈めた時刻は平成25（2013）年4月14日午前11時30分です。

この日は神経も高ぶっていたのでしょうが、悲しいとか寂しいとかいう感覚はなく、無事に済んでよかったと思う気持ちの方が強かったのですが、それから何日か経ってから、寂寥《せきりょう》感がこみ上げてきました。ほんとうにいなくなったのだ、海へ還っていったのだと思うと、たまらなく寂しい気持ちでした。また会いたい、会えたらなあと思うたびに、あの波間に沈んでいった遺灰の様子を思い出すのです。程なくして自然葬実施証明書が届きました。これで自然葬は終わったのです。

自然葬からひと月たらずの5月12日に故郷の海へ出向いて、水溶紙に包んだほんの少しの遺灰を海へ入れました。故郷の海は丹後天橋立の北の海です。当日は雲ひとつない晴天で風もなく波もほとんどありませんでした。遺灰の包みは透きとおった海の底へ沈み、すぐに包紙が溶けて遺灰が海底の岩の上に散らばるのが見えました。ほんとうに故郷の海へ還っていったのです。

これで私の手もとにあった遺灰はすべて自然の海へ還っていきました。「千の風になって」の詩にあるように、あの人は今、海にいるのです。

自然葬がもっと普及して、誰もが自然葬を行うことができるようになれば、どんなにか素直に故人を弔うことができるでしょう。

こういう「個人葬」もあるのか、という思いに揺さぶられました。初めは「会」による散骨葬、和歌山港から紀伊水道へ。参加者7人。

けれども時がたち、寂しさと悲しみに耐えかねて、ふたたび故郷の丹後半島の天橋立の海へ。落ち着いた気持ちで、もう一度の自然葬…。水に溶けて、海底に沈む遺灰が、岩の上に散らばるのが見えた。

初めは太平洋へ、次は日本海へ、海流に乗る長い旅路の果てに、それがまた一つに交わる。

そういえば沖縄には、死者を送るのに洗骨という風習のあることが浮かびます。亡くなった人の遺体を、まず風葬にする。やがて時が流れ、白骨化した遺体を海水で洗い、そののち墓の中に葬る。

二度やるのですね。その間、つらい寂寥《せきりょう》の時が過ぎていく。悲しみが少しずつ癒やされていく……。海に囲まれているこの国の人々の心に、自然に生まれてきた感覚ではないでしょうか。

波の背の背に　揺られて揺れて
月の潮路の　かえり船
霞む故国よ　小島の沖じゃ
夢もわびしく　よみがえる

——「かえり船」（作詞・清水みのる／歌・田端義夫）

第3章

対談

30年を振り返って
―自然葬の先に見えるもの

山折哲雄×中村裕二×西俣総平

「葬送の自由をすすめる会」創立30周年記念対談

山折哲雄

宗教学者として多彩な著作や講演活動を行う。葬送の自由をすすめる会では長年顧問を務める。

西俣総平

葬送の自由をすすめる会を創設した安田睦彦・初代会長、島田裕巳・前会長に続き、平成27(2015)年から会長を務める。

中村裕二

葬送の自由をすすめる会理事兼顧問弁護士。オウム真理教事件犯罪被害者支援機構の副理事長。同事件の被害者・坂本堤弁護士は司法修習生時代の同期生だった。

三無主義を提唱

西俣総平（以下、西俣）　平成3（1991）年に発足した本会は、令和2（2020）年に創立30周年を迎えます。この間に会が自然葬（散骨）でお送りした方は約4300人に上ります。近年の終活ブームで散骨がマスメディアに大々的に取り上げられていますが、超高齢社会になって年間130万人が亡くなるという現状から見ると、自然葬が社会的に定着してきたとはいうものの、まだまだ少ないなという思いもあります。この30年間を振り返ってどのように感じていらっしゃいますか。

山折哲雄（以下、山折）　30年前に昭和天皇が亡くなられ、美空ひばりさんが亡くなって昭和が終わりましたが、会の歴史はちょうど平成の年号と重なっている。私は発足時から会に入っていますが、30年

＊この座談会は令和元(2019)年6月23日に都内で行われました。

前、墓地埋葬法に縛られない開かれた発想で「三無主義」を唱えました。三無、つまり「葬式をしない」「墓はつくらない」「遺骨は残さない」。遺骨を残さないように「一握り散骨」をするのです。後に残った者が故人のゆかりの場所に遺灰を一握りずつ撒《ま》いていく。銀座の四丁目でもいいし、本願寺の境内でもいい。誰にも迷惑を掛けないで、自然なかたちで遺灰が自然に還っていくということです。

そう提唱したら仏教界が大反対で、山折はとんでもないことを言いだしたと村八分になった。実家からは家の墓には入れないと言われました。家族を説得するのに20年ぐらいかかって、今ではやっと家内が、樹木葬ぐらいならいいかと言うようになりました。ただ、この30年間に日本人の墓好き、骨好きはほとんど変わっていないし、墓に対する関心が根強い。この現状と自然葬はマッチするのか、それとも反発し合うのだろうか?

5、6年前に新幹線で、40歳ぐらいの女性が窓際の洋服掛けに白い布に包まれた四角い箱、誰が見ても骨箱と分かるのを掛けていた。ここまできたかとショックでしたね。戦後の混乱期でさえ、せめて網棚には載せたものです。遺骨に対する観念が変わってきた。骨を完全に否定するまでは行っていないけれど、扱い方が全然違ってきたと言えます。

西俣 なるほど。他にはいかがですか。

山折 最近になって、墓じまいとともに檀家が寺院と縁を切るケースが増えて、寺院の墓地が消滅に向かいつつある。そうした寺院墓地を転用するところで樹木葬が出てきました。

墓好きを詰めていくと、最後には先祖信仰に行きつく。神道も仏教も開祖は先祖として敬う。先祖崇拝は日本人の信仰の中心です。仏壇の傾向を見ると、最近は大きいのはなかなか売れない。小型になった仏壇にまつるのは、開祖の像よりは先祖の位牌だけだったり、分骨した遺骨の一部だったりします。

行政と自然葬

中村裕二（以下、中村） 私は（30年前の）平成元（1989）年に坂本弁護士一家殺害事件が起きたとき、ロンドンに留学していました。翌年に日本に戻ってきて、梶山正三弁護士（本会の初代副会長）

と共同で法律事務所を立ち上げました。そのころ、（初代会長の）安田睦彦さんが本会をつくるというので私どもの事務所に足しげく通われ、梶山さんと綿密に相談をされていました。準備段階でお二人は、刑法１９０条の遺骨遺棄罪や墓地埋葬法（遺骨を墓地以外に埋葬・埋蔵してはならない）の壁をこえて、どうしたら散骨を合法化できるか、という法律上の論点を検討していました。そのためのお二人のコンセンサスとして「節度をもって行うこと」と、霊園の造成による自然の破壊を防止して「環境の保全を図る」ということになったようです。単に「墓に入りたくない」というだけの目的であれば、自然葬の運動はここまで広く普及しなかったでしょう。

知り合いの霊園業者によると、霊園の墓は10年で10％が無縁墓になるそうです。つまり１００年でほぼ全部が無縁の墓になる。庶民からすると、墓を持っても3代目が限界で、それ以上は墓を守り切れない。4代目で墓じまいして墓石は産業廃棄物になり、遺骨は土に戻されて散骨したのと同じ状態になります。核家族化とともに少子高齢化がますます進むと、自然葬は嫌でも広がっていかざるを得ないでしょう。

西俣　本会は平成３（１９９１）年に相模灘《さがみなだ》（神奈川）で初の自然葬を行いました。このとき法務省と厚生省（当時）から「節度をもって行う限り、刑法や墓地埋葬法には抵触しない」という見解を引き出したのはご承知の通りです。平成16（２００４）年には林野庁に国有林を自然葬に開放するよう要請しました。しかし、会の主張は総論として理解はできるものの、実際に開放するのは難しいという回答でした。今度は令和元（２０１９）年の夏に環境省に国立公園の開放を要請しました。その返事は「国立公園内での散灰に自然公園法上の規制はありません。実施に当たっては土地所有者の承諾を得て、自然環境の保全に留意してください」でした。以前の法務省と厚生省の見解は、文書として残したくないお役所主義からか、口頭での表明でしたが、環境省は省の統一見解として自然環境局から文書で回答してきた。行政の世界でも自然葬が定着してきたな、これも30年間の活動の成果の一つだな、という感を新たにしたわけです。

その一方で、10年前に民間業者が乱暴な散骨を各地でやって、散骨の規制条例をつくった自治体が10

ぐらいあります。節度をもってきちんと自然葬を進めるために、会ではいま「自然葬推進法」を法制化する運動をすすめているのですが、これが政治状況とも絡んで難しい。尊厳死や安楽死など終末期医療を巡っても、法律という壁を乗りこえるのは大変な問題だと思います。

死の規制緩和を

山折　安楽死を考え直さないと超高齢社会は乗り切っていけません。そのために、死を心臓死や脳死という点だけで捉えないで、「死の再定義」をしなくてはならない。私はつい最近、「死の定義を変えること」「90歳以上の安楽死を解禁すること」「参議院を廃止して老議院を創設すること」の三つを提言しました。死を巡る規制を緩和しろということですが、これには医学界、宗教界、法曹界という三つの大きな抵抗勢力がある。

90まで生きた高齢者にとって、体が動かない、手が動かない、頭も働かない、物も食べられなくなるというのは大変なことです。そうした状態になったら、私なら自死を選ぶでしょう。自死の手段には二つの方法があります。一つは伝統的な仏教のやり方で、食事によるコントロール、もう一つは薬物によるコントロールです。欧州では安楽死が現実的に考えられていて、物が食べられなくなったら延命治療はしないで自然に死を迎えさせる。ところが日本は、延命のために強制栄養を入れる胃瘻《いろう》をするとかしないとかの話になる。「90を過ぎたら死ぬ時ぐらい自分の好きにさせてよ」と思うのですが、医師も法律家も決して「うん」とは言ってくれません。

二義を許さない殺人罪

西俣　そもそも安楽死を巡って法律家と医学界の対話はあるのですか。

中村　頻繁に対話が行われているという話は聞いていません。法律家の観点から言うと、「死とは何か」「殺人とは何か」という定義付けの話になります。明日死ぬと医学的に99%分かっていても、もし人工呼吸器を外して1日でも死期を早めれば、刑法199条の殺人罪となります。法律家は「二義を許さない」解釈が好きで、誰が条文を読んでも、誰が裁判官であっても、その判断が分かれないことが重要です。「死期を早めたら殺人罪が成立する」という定義は、誰にでも分かりやすいし、誰が裁判官だったとしても、判断が揺れる恐れはありません。

しかし、憲法13条が保障する幸福追求権の中に、「自分が苦痛から解放されて、快適に死んでいく自由」もあると考えても良いのではないでしょうか。全身ががんに侵され回復の見込みがなく、耐え難い苦痛にもがきながら死んでいくことは、誰も望まないと思います。「こういう場合は人の死期を早めてもいい」という要件が、二義を許さずうまくつくれるかどうかが、安楽死を巡る議論のポイントになると思います。

例えば、「2人以上の医師が死期は近いと認定する」「本人の苦痛が真実であると証明できる」「苦痛の緩和が本人にとって喫緊の課題である」「家族全員が同意している」などの要件を立てて、それらが満たされれば、死期を早めても殺人や自殺幇助《ほうじょ》にならないという仕組みが必要となります。

安楽死の要件が日本でも確立されれば、自己決定権の幅も広がります。生きていく自由、老いていく自由、病とたたかう自由、たたかわない自由、死んでいく自由、そして死後に自然に還っていく自由が一つにつながってこそ、私たちの運動が唱える自己決定権も守られるのだと考えています。

生への希求と自己選択

山折　法律は二義を許さないという話が出ましたが、実際の運用は必ずしもそうではない。例えば、連続射殺事件（※１）の永山則夫元死刑囚の場合はどうだったか。事件を起こした心理的動機とか社会的背景が議論になったが、最後は精神鑑定が行われ、刑事責任能力があるかないかの話になった。精神障害で責任能力なしとなれば、死刑は免ぜられます。

医学的な鑑定書の評価は最後に裁判所が下した。裁判所は何によって判断したか。それは世論です。国家としても到底許せない犯罪だから、どうしても死刑にしなければならない。世論と国家の板挟みになって、裁判所が最終的に結論を出したわけです。結果として鑑定書は通らなかった。それが日本の法律運用のやり方です。条文の細かい解釈について二義は許さなくても、大きなところでは三義でも四義でも許す解釈をしている。こうした法曹界と医学界の〝あいまいな関係〟をどこかで断ち切らなければと思いますね。

中村 永山事件で最後の弁護人を務めた女性弁護士の寄稿文を読みましたが、永山は最後まで「自分は絶対に死なない。絶対に死刑にはならない」と言っていたそうです。

西俣 似たようなケースで、オウム真理教事件（※2）では、松本智津夫元死刑囚＝教祖名麻原彰晃＝について弁護側は心神喪失を申し立てましたが、最後は刑が執行されました。

中村 刑事訴訟法の規定上、執行した以上は、心神喪失ではなかったことになりますね。彼の死刑執行報告書を読むと、執行直前に心境を語った部分がマスキングされています。ある程度のことを語ったと思われますが、黒塗りされて分からないんです。

永山則夫元死刑囚の最後は、生に対する執着がすごく強かったと思われます。オウム事件の井上嘉浩元死刑囚も「何としても生きたい」と言っていました。生きたくても生きられない死刑囚は、法律的に自己決定権を奪われているので仕方ありません。一方で、病気で本当に苦しんでいて、最後は電車に飛び込み自殺する人が増えています。そういう人が本当に救われるためには、自己決定権による安楽死を認める仕組みを今から考えていかないと間に合わないと思いますね。

「対魂関係」をつくる

西俣 自然葬が批判される大きな理由の一つとして、散骨してしまうと故人を偲ぶ〝よすが〟がなくなってしまう、と言われます。同じ理屈で、遺骨をお墓に入れないと故人を供養できないとも言います。安田睦彦さんは「墓は心のうちに立てよ」という名言を吐きましたが、これをいくら説明しても、心情的に納得できない人もいます。自然葬と供養の関係をどのように捉えたらよいでしょうか。

山折 これは非常に大きな問題ですね。東北は私の古巣ですが、東日本大震災の1カ月後に現地に行ったら、多くの人たちが茫然自失の状態になっていた。

浜辺に打ち揚げられた遺体をとりあえず土葬したり、親族の遺体が見つからず海岸で悲しみに暮れたりする人がたくさんいました。

そのときしみじみと思い出したのは、大伴家持《おおとものやかもち》の「海行かば水漬《みづ》く屍《かばね》　山行かば草《くさ》生《む》す屍《かばね》」でした。もとは鎮魂の歌で、万葉時代にも人が亡くなると、魂が肉体から離れて海に行き、山に昇って、やがて鎮まる。言葉では「みづくカバネ、くさむすカバネ」と言いながら、死者の魂の行方を見ている。それが死者への供養になり、自らの慰めになるということです。

現代のわれわれは、魂の存在は観念であるとイメージすることはできても、実感として感じられなくなっている。目の前に打ち揚げられた親族の遺体を見ても、どうしたらよいか分からない。墓をつくっても落ち着かないし、本当の慰めにはなりません。

この会で昔、20人ぐらいでガンジス川へ散骨に行ったことがあります。明け方に遺灰を流したときには感動がありました。川には人や動物の死体から人糞までが流れていて、その中で人々は沐浴やお祈りをしています。川が遺体と魂を分離してくれて、魂は天上に昇っていくと信じている。これは万葉人につながる共通の死生観だと言えます。

今は人間関係を重視するけれども、人と魂の問題について「対魂関係」を考える必要がある。精神的な安定を得るためには、故人の魂に向き合う対魂関係がとても大切ですが、現代ではこれが排除されています。小学生に魂の話をすると、ちゃんと受け入れてくれる。ところが中学生になると、もうダメですね。顕微鏡でも見えないんだから魂なんてない、と言う。意外に厄介な問題です。「千の風」に乗っていくのは魂であり、死者でもあるんですがね。

霊園からの解放を

中村　安田睦彦さんは「墓を選ぶことも自由だ。残された人が死者を弔う権利も大切だ」と言いました。葬送の自由運動を広くすすめていくためには、見送られる側だけでなく、見送る側も取り込まなければならないし、墓が欲しい人の気持ちも守ってあげたい、という考えです。

自然葬推進法の原案を書いていて気付いたのです

が、「墓からの解放」よりも「霊園からの解放」を追求すべきではないかと思うんです。樹木葬がよく話題になりますが、業者は霊園の造成許可を取って、その中で樹木葬を行っています。いわば霊園という限られた空間の中で樹木葬ブームがあるわけです。それに対して私たちは、広く言えば、墓よりもむしろ霊園からの解放を目指していく。霊園の中でないと故人を偲ぶ目印が付けられないというのでなく、地球規模の環境の中で対魂関係を維持していく努力をするところに、私たちの運動の意義があると思います。

西俣　送られる側と送る側の両方の気持ちを大切にしたいというお話がありました。昭和62（1987）年に石原裕次郎さんが亡くなったとき、兄の慎太郎さんは太平洋に散骨してやりたいと言いましたが、当時は法律の壁があって希望はかないませんでした。平成25（2013）年に亡くなられた三國連太郎さんは遺骨を散骨してくれと遺言されましたが、息子の佐藤浩市さんは散骨せずに墓をつくって納骨しました。

三國さんの場合は、送られる側の葬送の自由は実現されず、送る側の葬送の自由が優先したかたちになったわけですが、両者の自由または権利が、対立あるいは衝突した場合、どちらが尊重されるべきなんでしょうか。死者と生者の自己決定権も絡みますが、こうしたケースについての裁判例はまだ聞いたことがありません。

送る人、送られる人

山折　自然葬にするか、旧来型の葬送にするか、関係者が悩んで悩み抜くしかないでしょうね。

私の経験で言うと、仙台に古い友人がいて5年前に亡くなりました。私と同じような考えの持ち主で、生前に「死後は自然葬をしたいので、会で世話をしてほしい」と言ってきました。本人は最後までそのつもりだったのですが、最後の段階で親族が反対して、ひっくり返された。

終末期医療の選択でもそうですが、どちらがいいとか悪いとか、ちょっと言いにくいところがあります。あまりにも人間的な悩みで、当事者が悩むしかない、としか言いようがない。

西俣　自分の死後に、本当に自分の希望通りに自然葬されるのだろうか、と心配している会員が少なくありません。そうした悩みを解消するために、会員が自己決定した死後の散骨の意思を、公正証書（※3）を利用して法律的に担保する仕組みを、いま中村さんに考えていただいているところです。

中村　「死後事務委任契約公正証書」というものです。会員は、会との間に「自分の死後、遺骨を自然葬にしてほしい」という契約を結ぶわけですが、委任契約は民法の規定によって委任者の死亡とともに契約が終了してしまいます。これでは遺族が自然葬に反対だったら、故人の希望は実現できません。

　ところが、最高裁が平成４（１９９２）年に大変興味深い判決を下しました。簡単に言うと、「これだけはやってくれ」と遺言した場合、その行為が意義あることで、かつ実行が比較的に簡単かつ可能である場合は、その委任契約は委任者の死亡によって直ちに終了するものではない、という判断です（※4）。

　これを頼りに公正証書のモデルをつくってみました。まず、会員が「自分の死後に散骨してくれ」と会に委任する。会はそれを受託して、亡くなったら散骨するという、自然葬に特化した公正証書です。

西俣　令和元（２０１９）年夏の会報誌に掲載したところ、早速、名古屋市の会員が地元の弁護士事務所にこのモデルを持ち込んで、立派な死後事務委任契約公正証書が出来上がり、公証人の認証も得られました。

　お子さんのいない会員とか、親族も少なく老夫婦で二人暮らしの会員とか、自分の自然葬あるいは最後に残った配偶者の自然葬をより確実なものにしたいと願っている方は全国にかなりいます。こうした方々の心配をなくして、安心して老後を送っていただけるよう、この方式を各支部とも協力して広げていきたいと考えています。

中村　この公正証書がオールマイティーだとまでは申しませんが、紛争を未然に解決するには役に立つはずです。そのためにも、会員本人と、祭祀の承継者となる方、本会、の三者が事前に協議して了解し合うことが大事ですし、そうすることで、山折先生がおっしゃった人間的な悩みを少しでも軽くすることにつながると思います。

西俣　まだまだお伺いしたいことはたくさんありますが、本日はここまでにしたいと思います。長時間にわたり、本当にありがとうございました。

（2019年6月23日撮影）

※**1**　昭和43（1968）年に当時19歳だった永山則夫元死刑囚が米軍基地から盗んだ拳銃で4人を殺害した連続殺人事件。一審の無期懲役が破棄されて死刑判決が確定。48歳のとき執行された。

※**2**　平成元（1989）年から平成7（95）年にかけて、麻原彰晃（本名松本智津夫）を教祖とするオウム真理教が、教団と敵対する人物を殺害したり、地下鉄サリン事件などの無差別テロを起こしたりした事件。平成30（2018）年に麻原と幹部の計13人の死刑が執行された。

※**3**　国家公務員である公証人が法律に従って作成する公文書。遺言を公正証書にすることで強い証明力を持ち、安全確実となる。自然葬や尊厳死の意思表明の確認にも利用できる。

※**4**　平成4（1992）年9月22日の最高裁判決。東京高裁は平成21（2009）年12月21日の判決で最高裁の判断をさらに進め、同種の死後事務委任契約について、特段の事情がない限り解除できないと判断している。

「葬送の自由をすすめる会」会誌の変遷。『葬送の自由』０号から『再生』１号へ。年４回の発行を積み重ね、間もなく創立30周年を迎える今、116号に到達。これからも歴史を刻んでいく。

葬送の自由 0号

早急に"自然葬"の実現を

200人の参加者で熱気充満

「葬送の自由をすすめる会」集会

私たちは「葬送の自由をすすめる会」の第1回集会を、2月2日午後1時30分から、東京・飯田橋セントラルプラザで開きました。予想以上に関心が高く、会場を広い部屋に移しましたが、200人もの参加者で椅子が足りなくなるほどでした。安田会長のあいさつ、各理事の報告などがあって意見交換会に入りました。自然葬を早く実現してほしいという声が強く、埋葬習俗が大きくゆらいでいることを実感させました。討論内容も豊富で、次々と発言を求めて手が上がり、会場には熱気が充満していました。

『葬送の自由』0号
（1991年3月15日発行）

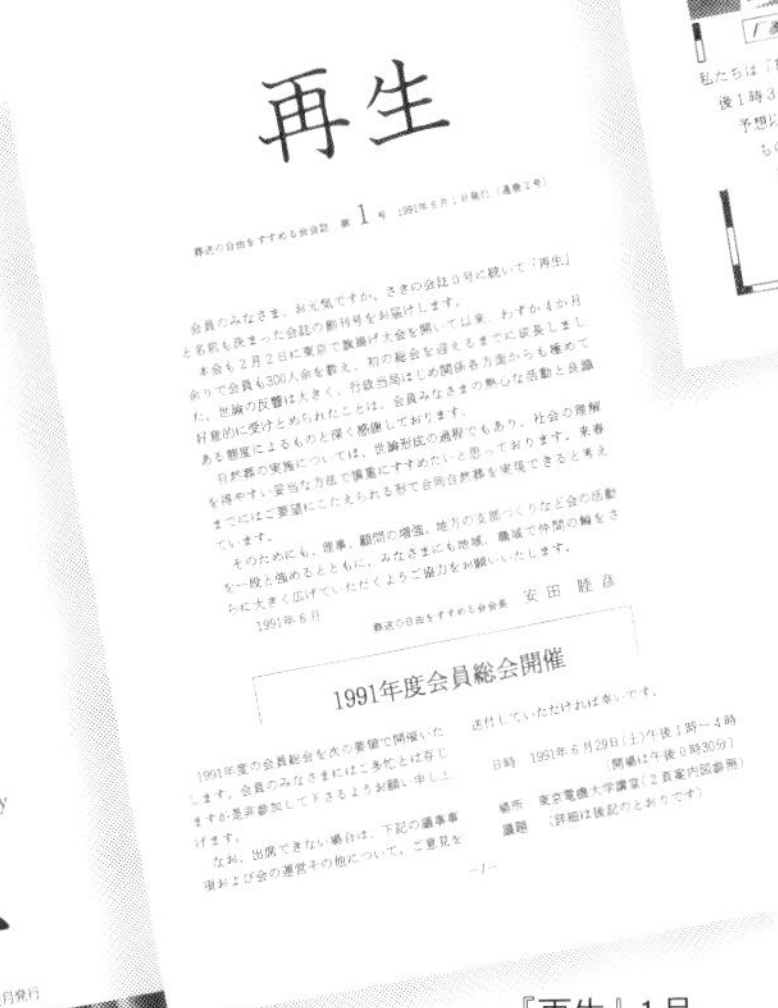
再生

葬送の自由をすすめる会会誌　第1号　1991年6月1日発行（通巻2号）

会員のみなさま、お元気ですか。さきの会誌0号に続いて「再生」と名称も決まった会誌の創刊号をお届けします。

本会も2月2日に東京で旗揚げ大会を開いて以来、わずか4か月余りで会員も300人余を数え、初の総会を迎えるまでに成長しました。世論の反響は大きく、行政当局はじめ関係各方面からも極めて好意的に受けとめられたことは、会員みなさまの熱心な活動と良識ある態度によるものと深く感謝しております。

自然葬の実施については、世論形成の過程でもあり、社会の理解を得やすい妥当な方法で慎重にすすめたいと思っております。来春までにはご要望にこたえられる形で合同自然葬を実現できると考えています。

そのためにも、理事、顧問の増強、地方の支部づくりなど会の活動を一段と強めるとともに、みなさまにも地域、職域で仲間の輪をさらに大きく広げていただくようご協力をお願いいたします。

1991年6月　葬送の自由をすすめる会会長　安田睦彦

1991年度会員総会開催

1991年度の会員総会を次の要領で開催いたします。会員のみなさまにはご多忙とは存じますが是非参加して下さるようお願い申し上げます。

なお、出席できない場合は、下記の議事事項および会の運営その他について、ご意見を送付していただければ幸いです。

日時　1991年6月29日（土）午後1時～4時（開場は午後0時30分）
場所　東京電機大学講堂（2頁案内図参照）
議題　（詳細は後記のとおりです）

―1―

『再生』1号
（1991年6月1日発行）

『再生』116号
（2019年12月1日発行）

葬送の自由をすすめる会　会結成の趣旨

今の日本では、人が死ぬと墓地に埋葬されます。これがあたり前で唯一の葬送の方法だと考えられています。

しかし、もともと墓を造るというならわしは日本古来のものではありません。

かつては、一部の上流階級を除いて、庶民は遺体を海や山に捨てるのが普通でした。遺灰を海・山にまく散灰も古代からありました。庶民が墓を造るようになったのは、江戸幕府の民衆統制制度である檀家制度が軌道に乗ってきたころからです。一つの墓に何人も入るという「家の墓」が一般化したのはもっとずっと後で、明治30年代以降です。

外国では墓地に埋葬する以外に現代でもさまざまな葬法を認めています。ネール元インド首相、周恩来元中国首相、アインシュタイン博士、ライシャワー元駐日米大使らが自然に遺灰を還したことはよく知られています。アメリカのカリフォルニア州では全体の30％が散灰だといいます。

日本ではこのような葬法の自由は事実上強く制限されているし、法的にも違法だという考えが根強くあります。確かに、遺体をそのまま海・山に捨てるようなことは現在はできません。しかし、遺灰を海・山にまく散灰は、それが節度のある方法で行われるならば法律に触れることはありません。墓地、埋葬等に関する法律や刑法にはこれに関連する規定がありますが、どれも葬送のために遺灰をまくことを禁じるものではありません。

私たちは、先入観とならわしに縛られて自ら葬送の自由を失っているといえるでしょう。

生きている人の数には限りがありますが、死者の数は年々累積して無限にふえていきます。墓地に埋葬する方法しか知らない今の日本では、死者のための墓地が山々の緑を剝ぎ取り、空き地を占拠して、生きているものが享受すべき自然を食い潰していくのです。なんという矛盾でしょう。

狭い国土の中で、墓地の不足が深刻な社会問題になっています。山に追い上げられた墓地は環境破壊を招くので、墓地開発を一切ストップする市も出てきました。一区画でも最低3～4百万円はかかります。永代供養のできない単身者や子供のない夫婦は寺や霊園から敬遠されます。墓地を持てない悩みはこれからますます深刻になるでしょう。そのためもあるのでしょうか、遺灰を海・山にまきたいという人がふえています。

私たちは、なによりもまず、死者を葬る方法は各人各様に、亡くなった故人の遺志と故人を追悼する遺族の意思によって、自由に決められなければならないと考えます。ですから私たちは、環境問題や社会問題だけから葬送の自由を主張するものではなく、墓を造る自由を否定するものでもありません。もちろん遺骨の散乱を招くような無秩序な葬送の自由を主張するものでもありません。

私たちが「葬送の自由をすすめる会」を結成した目的は、伝統的葬法を復活させるとともに、自然の理にかない、しかも環境を破壊しない葬法（このような葬法を「自然葬」と呼びたいと思います）が自由に行われるための社会的合意の形成と実践をめざすことにあります。


（1990年11月20日に　安田睦彦、梶山正三、薦田哲、池田敦子、古坂嘉雄、酒井卯作の6名が発表）

大森山再生の森

久慈再生の森

＊海は特別合同自然葬の実施場所のみを掲載（2020年1月末時点）。

阿蘇外輪山再生の森

あづみ野再生の森

甲府再生の森

西多摩再生の森

上総亀山再生の森

葬送の自由をすすめる会

自然葬マップ

特定非営利活動法人
葬送の自由をすすめる会

1991年の設立以来、目的に賛同する市民が集まって、葬送の自由という基本的理念の確認と、自然葬への社会的合意の拡大を目指して啓発活動を続けている。

〒101-0031
東京都千代田区東神田1-4-1 K&S FIELDビル6F
電話 03(5577)6209 ファクス 03(5577)6249
メールアドレス saisei@soso-japan.org
ホームページ https://www.shizensou.net

平成の挽歌 大自然に還る

発行日 2020年2月22日 第1刷

編著者 葬送の自由をすすめる会

発行人 岩永陽一

発行所 株式会社共同通信社
〒105-7208
東京都港区東新橋1-7-1 汐留メディアタワー
電話 03(6252)6021
ファクス 03(5568)1109
メールアドレス order@kyodonews.jp

印刷所 中央精版印刷株式会社

JASRAC 出 1913855-901
©Kyodo News, 2020, Printed in Japan
ISBN978-4-7641-0720-5 C0036

※定価は表紙に表示しています。
※乱丁、落丁本は送料弊社負担でお取り換えします。
※本書のコピーやスキャン、デジタル化などの無断複製は、著作権法上での例外を除き禁じられています。本書を代行業者などの第三者に依頼してスキャンやデジタル化することは、個人や家庭内の利用であっても著作権法違反となり、一切認められていません。